Collection folio junior

Oscar Wilde est né en 1854 à Dublin (Irlande). Son père est chirurgien, sa mère est poétesse et traductrice d'auteurs français (Dumas et Lamartine). Il fait ses études au Trinity College de Dublin, puis à Oxford en Angleterre. Grâce à son élégance et à la vivacité de son esprit, il devient rapidement un auteur très apprécié en Grande-Bretagne, mais aussi en France où il est salué par les milieux littéraires. Ses poésies, ses contes, ses histoires, son roman (*Le Portrait de Dorian Gray*) et ses pièces de théâtre – dont l'une, *Salomé*, écrite en français, est créée par Sarah Bernhart – assurent son succès. Il est alors reconnu comme le chef de file de ce que l'on a appelé « le culte esthétique » : extrême raffinement, amour exclusif des belles choses, attitude détachée. Mais sa vie bascule en 1895, lorsqu'il est condamné à deux ans de travaux forcés pour outrage aux bonnes mœurs, dans une Angleterre victorienne très puritaine. Refusant de fuir, il purge sa peine et sort brisé du bagne. Il est désormais un homme ruiné, exclu de la société. Il finit misérablement sa vie à Paris, où il meurt le 30 novembre 1900.

Plusieurs livres d'Oscar Wilde ont été publiés chez Gallimard Jeunesse : *Le Portrait de Dorian Gray* (1000 Soleils), *Le Prince heureux*, *Le Géant égoïste et autres contes* et *L'Anniversaire de l'infante* (Folio Junior).

Yann Couvin, auteur des illustrations du livre, est né le 8 août 1962 à Chartres. Autodidacte, il dessine depuis son enfance. Ses dessins ont déjà fait l'objet d'une exposition sur le thème des Antilles, mais c'est la première fois qu'il travaille pour une maison d'édition. Yann Couvin, qui vit depuis 1980 à Paris, fait également des modelages et réalise des bandes dessinées.

Henri Galeron a réalisé la couverture du *Fantôme de Canterville.* Né en 1939 dans les Bouches-du-Rhône. Il a deux passions : les jouets mécaniques et la pêche à la ligne. Ce qui ne l'empêche pas d'être un dessinateur aussi talentueux que prolifique. Pour Folio Junior, il a réalisé les couvertures de nombreux livres, parmi lesquels *Salammbô* de Gustave Flaubert, *Le Lion* de Joseph Kessel ou *Le Livre de la Jungle* de Rudyard Kipling.

Titre original :
Lord Arthur Savile's Crime and other stories

ISBN 2-07-051582-6
Loi n°49-956 du 16 juillet 1949
sur les publications destinées à la jeunesse

Oscar Wilde

Le fantôme de Canterville

suivi de

Le crime de lord Arthur Savile

Traduit de l'anglais
par Henri Robillot

Illustrations de Yann Couvin

Gallimard

Le fantôme de Canterville

Histoire hylo-idéaliste

1

Lorsque M. Hiram B. Otis, le ministre américain, acheta Canterville Chase, tout le monde lui dit qu'il commettait une folie car il ne faisait aucun doute que les lieux étaient hantés. En vérité, lord Canterville lui-même, homme pointilleux à l'excès sur les questions d'honneur, avait jugé de son devoir de mentionner le fait à M. Otis quand ils en étaient venus à discuter des conditions de vente.

– Nous avons préféré ne pas y habiter nous-mêmes, dit lord Canterville, depuis que ma grand-tante, la duchesse douairière de Bolton, a été prise d'une peur panique dont elle ne s'est jamais vraiment remise en voyant apparaître sur ses épaules deux mains de squelette pendant qu'elle s'habillait pour dîner et il est de mon devoir de vous dire, M. Otis, que le fantôme a été vu par plusieurs membres vivants de ma famille, aussi bien que par le recteur de la paroisse, le révérend Augustus Dampier, diplômé de King's College à Cambridge. Après ce malheureux accident survenu à la duchesse, aucun de nos jeunes domestiques n'a voulu rester avec nous, et lady Canterville a souvent bien peu dormi la nuit en raison des bruits mystérieux qui venaient des couloirs et de la bibliothèque.

– Milord, répondit le ministre, je prendrai le mobilier et le fantôme selon évaluation. Je viens d'un pays moderne où nous avons tout ce que l'argent peut acheter ; et avec tous nos fringants jeunes gens qui viennent faire les quatre cents coups dans le Vieux Monde et qui enlèvent vos meilleures actrices et prima donna, je suppose que, s'il existait un fantôme en Europe, nous l'annexerions à bref délai pour le montrer au public dans un de nos musées ou dans les foires.

– Je crains que le fantôme n'existe, dit lord Canterville en souriant. Encore qu'il ait peut-être résisté aux propositions de vos entreprenants imprésarios. Il est bien connu depuis trois siècles, depuis 1584 pour être précis, et il apparaît toujours avant la mort de chaque membre de notre famille.

– Ma foi, on peut en dire autant du médecin de famille, lord Canterville, mais les fantômes n'existent pas, non, monsieur ; et je doute que les lois de la nature soient mises en échec en faveur de l'aristocratie britannique.

– Vous êtes certainement très naturels en Amérique, répondit lord Canterville qui n'avait pas bien compris la dernière observation de M. Otis, et si la présence d'un fantôme dans la maison ne vous dérange pas, tant mieux. Seulement, souvenez-vous que je vous ai prévenu.

Quelques semaines plus tard, l'acquisition de la maison était chose faite et, à la fin de la saison, le ministre et sa famille vinrent s'installer à Canterville Chase. Mme Otis qui, sous le nom de miss Lucretia R. Tappan, de la 53e rue Ouest, avait été une des beautés célèbres de New York, était maintenant une superbe femme entre deux âges avec de beaux yeux verts et un profil parfait. En quittant leur pays natal, bien des Américaines adoptent un air de santé chancelante avec l'impression que c'est une forme de raffinement européen, mais Mme Otis n'avait jamais cru à cette fable. Elle jouissait d'une admirable constitution et d'une sorte de vitalité animale exceptionnelle. En fait, à bien des égards, elle était tout à fait anglaise et offrait un parfait exemple du fait que, de nos jours, nous avons tout en commun avec l'Amérique, hormis, bien entendu, le langage. Son fils aîné, baptisé Washington par ses parents dans un moment de patriotisme qu'il n'avait jamais cessé de regretter, était un jeune homme blond, plutôt joli garçon, qui s'était qualifié pour la diplomatie en conduisant le cotillon au casino de Newport pendant trois saisons consécutives et qui, même à Londres, avait la réputation d'un excellent danseur. Les gardénias et les aristocrates étaient sa seule faiblesse. Pour le reste, il était extrêmement sensé. Miss Virginia E. Otis était une petite demoiselle de quinze ans, svelte et ravissante comme une biche avec de grands yeux bleus où se lisait un fort penchant pour la liberté. C'était une merveilleuse amazone et elle avait un jour défié le vieux lord Bilton à la course sur son poney. Après deux tours de parc, elle avait gagné d'une longueur et demie juste devant la statue d'Achille aux suprêmes délices du jeune duc de Cheshire qui lui avait demandé sa main sur-le-champ et avait été renvoyé par ses tuteurs le soir même à Eton dans un déluge de larmes. Après Virginia, venaient les jumeaux, généralement appelés Stars and Stripes en raison des corrections répétées qu'ils ne cessaient de recevoir. C'étaient des garçons délicieux et, mis à part l'estimable ministre, les seuls vrais républicains de la famille.

Canterville Chase étant situé à dix kilomètres environ d'Ascot, la plus proche station de chemin de fer, M. Otis avait télégraphié pour qu'une voiture vînt les chercher et ils prirent la route de la meilleure humeur. C'était par une très belle journée de juillet et l'air était embaumé de la senteur délicate des bois de pins. De temps en temps, ils entendaient un pigeon ramier roucouler doucement ou entrevoyaient dans les fougères bruissantes le poitrail cuivré d'un faisan. De petits écureuils les regardaient passer, perchés sur les branches des hêtres, et les lapins détalaient dans les taillis et par-dessus les tertres moussus, leurs courtes queues blanches dressées en l'air. Alors qu'ils s'engageaient dans l'allée d'accès de Canterville Chase, le ciel se chargea soudain de nuages ; un calme étrange parut se répandre dans l'atmosphère, un grand vol de corneilles fila audessus de leurs têtes et,

avant qu'ils eussent atteint la maison, quelques grosses gouttes de pluie se mirent à tomber.

Debout sur les marches pour les recevoir se tenait une vieille femme, vêtue de manière stricte de soie noire avec une coiffe et un tablier blancs. C'était Mme Umney, la gouvernante que Mme Otis avait consenti à maintenir dans sa position antérieure à la demande expresse de lady Canterville. Comme ils descendaient de voiture, elle leur fit à chacun une révérence profonde et, d'une voix affable, déclara à l'ancienne mode :

– Je vous souhaite la bienvenue à Canterville Chase.

A sa suite, ils traversèrent le magnifique hall Tudor et entrèrent dans la bibliothèque, une longue pièce basse lambrissée de chêne sombre à l'extrémité de laquelle s'encadrait une large fenêtre garnie de vitraux... Là, ils trouvèrent le thé préparé à leur intention et, après avoir ôté leur manteau, ils s'assirent et se mirent à regarder tout autour d'eux pendant que Mme Umney les servait.

Soudain, Mme Otis aperçut une tache rougeâtre sur le parquet et, sans la moindre idée de ce qu'elle pouvait signifier, elle dit à Mme Umney :

– Je crains qu'on n'ait renversé quelque chose par terre.

– Oui, madame, répondit la vieille servante à voix basse. Le sang a été répandu à cet endroit.

– Quelle horreur ! s'ecria Mme Otis. Une tache de sang dans un salon. C'est inadmissible. Il faut la nettoyer tout de suite.

La vieille femme sourit et répondit de la même voix confidentielle :

– C'est le sang de lady Eleanore de Canterville qui a été assassinée ici même par son mari, sir Simon de Canterville en 1575. Sir Simon lui a survécu neuf ans et il a disparu dans des circonstances très mystérieuses. Son corps n'a jamais été retrouvé mais son esprit coupable continue à hanter le manoir. La tache de sang a été très admirée par des touristes et plusieurs autres visiteurs, et elle est ineffaçable.

– Tout ça ne tient pas debout ! s'exclama Washington Otis. Le Détachtou et le Superdétersif Pinkerton la feront disparaître en un clin d'œil.

Et, avant que la gouvernante terrifiée ait pu intervenir, il se laissa tomber à genoux et se mit à frotter le sol avec une sorte de bâtonnet qui ressemblait à un fard noir. Quelques instants plus tard, toute trace de la tache de sang s'était effacée.

– Je savais bien que Pinkerton ferait l'affaire, s'exclama-t-il, triomphant, tourné vers les membres de sa famille admiratifs, mais à peine avait-il prononcé ces mots qu'un violent éclair illuminait la pièce tandis qu'un fracas de tonnerre les faisait se dresser tous d'un bond et que Mme Umney s'évanouissait.

– Quel climat impossible ! dit le ministre américain d'un ton calme tout en allumant un long cigare de Manille. J'ai l'impression que ce vieux pays est tellement surpeuplé qu'il est incapable de fournir un temps convenable à tout le monde. D'ailleurs, j'ai toujours pensé que la seule solution pour l'Angleterre, c'était l'émigration.

– Mon cher Hiram, s'écria Mme Otis, qu'allons-nous faire d'une femme qui tombe en pamoison ?

– Opérer une retenue sur ses gages, répondit le ministre. Ensuite, elle n'y tombera plus.

Et, en effet, quelques instants plus tard, Mme Umney revint à elle. Elle n'en était pas moins extrêmement perturbée et elle avertit avec gravité M. Otis qu'il devait se méfier des malheurs éventuels qui pourraient s'abattre sur la maison.

– J'ai vu certaines choses de mes propres yeux, monsieur, dit-elle, des choses qui feraient dresser les cheveux sur la tête de n'importe quel chrétien. Et pendant bien des nuits, je n'ai pas pu dormir à cause des événements terribles qui ont eu lieu ici.

Cependant, M. Otis et sa femme assurèrent avec conviction à cette âme pure qu'ils n'avaient pas peur des fantômes et, après avoir invoqué l'intercession de la Providence en faveur de ses nouveaux maîtres et négocié une augmentation de salaire, la vieille gouvernante repartit à petits pas vers sa chambre.

2

L'orage se déchaîna toute la nuit, mais il n'arriva rien de particulier. Le lendemain matin toutefois, quand ils descendirent prendre leur petit déjeuner, la terrible tache de sang était revenue sur le sol.

– Ça ne peut pas être la faute du Superdétersif, dit Washington, car je l'ai essayé sur tout. Ça doit être le fantôme.

En conséquence, il effaça une seconde fois la tache, mais le matin suivant elle était réapparue, et il en fut de même le troisième jour ; pourtant M. Otis en personne avait fermé à double tour la porte de la bibliothèque et était monté se coucher en emportant la clef.

La famille au complet était maintenant très intéressée par cette énigme. M. Otis commença à se demander s'il n'avait pas été trop dogmatique dans sa façon de nier l'existence des fantômes. Mme Otis émit l'intention de s'inscrire à la Société de psychisme, et Washington élabora une longue lettre destinée à MM. Myers et Podmore sur la question de la persistance des Taches Sanglantes ressortissant aux crimes.

Cette nuit-là, les doutes concernant l'existence objective des apparitions furent balayés à jamais.

La journée avait été chaude et ensoleillée et, dans la fraîcheur du soir, toute la famille était sortie se promener en voiture. Ils ne rentrèrent pas avant neuf heures du soir et prirent un souper léger. Il ne fut pas un instant question de fantôme au cours du repas, si bien que ces conditions premières de réceptivité qui précèdent souvent la manifestation de phénomènes psychiques n'intervinrent pas. Les sujets débattus – ainsi que je l'ai appris depuis par la bouche de Mme Otis – se limitèrent à ceux qui constituent la conversation courante d'Américains cultivés de la classe la plus élevée, tels que l'immense supériorité de miss Fanny Davenport sur Sarah Bernhardt comme actrice, la difficulté d'obtenir des épis de maïs vert, des galettes de sarrasin et de la purée de maïs, même dans les meilleures maisons anglaises ; l'importance de Boston dans le développement de la spiritualité mondiale ; les avantages du système d'enregistrement des bagages dans les voyages en chemin de fer ; et la douceur de l'accent new-yorkais comparé au ton traînant des Londoniens. Aucune allusion ne fut faite au surnaturel ni à sir Simon de Canterville. A onze heures, la famille se retira et, une demi-heure après, toutes les lumières étaient éteintes. Quelque temps plus tard, M. Otis fut réveillé par un bruit curieux dans le couloir à hauteur de sa chambre. On eut dit un tintement de métal qui semblait se rapprocher peu à peu. M. Otis se leva aussitôt, gratta une allumette et consulta sa montre. Il était exactement une heure. M. Otis était très calme ; il prit son pouls qui n'avait rien de fébrile. Les sons étranges se prolongeaient et, s'y ajoutant, M. Otis perçut distinctement un bruit de pas. Il chaussa ses pantoufles, sortit une petite fiole oblongue de sa valise et ouvrit la porte. Juste devant lui, dans un pâle rayon de lune, se tenait un vieil homme d'aspect terrible. Ses yeux étaient aussi rouges que des charbons ardents. Ses longs cheveux lui tombaient sur les épaules en mèches entremêlées. Ses vêtements de coupe antique étaient souillés et déchirés ; à ses poignets et ses chevilles pendaient de pesants fers mangés de rouille.

– Cher monsieur, dit M. Otis, je vous prie instamment de huiler vos chaînes ; je vous ai apporté dans ce but une petite bouteille de lubrifiant indien. On le dit d'une parfaite efficacité après une seule application et l'emballage comporte plusieurs témoignages en ce sens dus à quelques-uns de nos plus éminents ecclésiastiques. Je vais vous le laisser ici à côté des quinquets et je serai heureux de vous en fournir un peu plus si vous en avez besoin.

Sur ces mots, le ministre des États-Unis posa le flacon sur une console de marbre et, refermant la porte, regagna son lit.

Un instant, le fantôme de Canterville resta immobile, figé par l'indignation ; puis, projetant avec violence la bouteille sur le parquet luisant, il s'élança le long du couloir en poussant des grognements caverneux et en émettant une

affreuse lumière verdâtre. Cependant, comme il parvenait au sommet du grand escalier de chêne, une porte s'ouvrit à la volée, deux petites silhouettes drapées de blanc apparurent et un énorme oreiller lui frôla la tête. Il n'y avait de toute évidence pas une seconde à perdre, aussi, optant, dans le but de s'éclipser, pour la quatrième dimension de l'espace, il s'évanouit à travers les boiseries et le calme revint dans la maison.

Comme il atteignait une petite chambre secrète dans l'aile gauche, il s'appuya contre un rayon de lune pour reprendre son souffle et tenta de faire le point sur sa situation. Jamais, au cours d'une brillante carrière ininterrompue de trois cents ans, il n'avait été aussi grossièrement insulté. Il songea à la duchesse douairière qu'il avait tant effrayée en apparaissant dans le miroir où elle se regardait avec ses dentelles et ses diamants ; aux quatre caméristes prises d'hystérie lorsqu'il se contentait de leur grimacer un sourire à travers les rideaux d'une des chambres d'amis ; au recteur de la paroisse dont il avait soufflé la chandelle tandis qu'il rentrait très tard une nuit de la bibliothèque et qui depuis, ravagé de tics nerveux, était resté le patient de sir William Gull ; à la vieille Mme de Tremouillac qui, réveillée de bonne heure un matin, avait vu un squelette assis dans un fauteuil près du feu, plongé dans la lecture de son journal intime, et avait été condamnée à garder le lit durant six semaines en proie à une fièvre cérébrale et s'était, une fois remise, réconciliée avec l'Église et avait rompu tous rapports avec le scandaleux et mécréant M. de Voltaire. Il se souvint de la terrible nuit où le pervers lord Canterville avait été trouvé suffoquant dans son cabinet de toilette avec un valet de carreau coincé en travers de la gorge et avait avoué juste avant de mourir qu'il avait triché au jeu à l'aide de cette carte et extorqué chez Crockford cinquante mille livres à Charles James Fox et juré ensuite que le fantôme l'avait forcé à l'avaler. Tous ces hauts faits lui revenaient en mémoire, depuis le maître d'hôtel qui s'était tué d'un coup de pistolet dans l'office parce qu'il avait vu une main verte taper à la vitre, jusqu'à la belle lady Stutfield qui était toujours obligée de porter un tour de cou en velours noir pour cacher la brûlure laissée par cinq doigts sur sa gorge blanche, et qui avait fini par se noyer dans l'étang aux carpes à l'extrémité de l'Allée Royale. Avec l'égotisme enthousiaste propre aux vrais artistes, il passa en revue ses coups d'éclats les plus réussis et sourit amèrement au souvenir de sa dernière apparition dans le rôle de « Ruben le Rouge ou le Nourrisson étranglé », de ses débuts comme « Gédéon l'Émacié, le suceur de sang de Bexley Moor », et la *furore* qu'il avait déclenchée par un beau soir de juin en jouant aux quilles avec ses propres os sur un court de tennis. Et, après tout cela, de misérables Américains modernes allaient se permettre de lui offrir du lubrifiant indien et de lui lancer des oreillers à la tête. C'était proprement intolérable. D'ailleurs, jamais aucun fantôme n'avait été traité de cette manière dans l'histoire. En conséquence, il résolut de se venger et resta jusqu'au jour immobile, plongé dans une profonde méditation.

3

Le lendemain matin, quand les membres de la famille Otis se retrouvèrent réunis pour le petit déjeuner, ils discutèrent longuement du fantôme. Le ministre des États-Unis était naturellement un peu dépité en constatant que son cadeau avait été dédaigné.

– Je ne souhaite causer aucun mal à ce fantôme, déclara-t-il, et je dois dire que depuis le temps qu'il hante la maison, je pense qu'il n'est guère poli de lui lancer des oreillers.

Remarque très juste qui, j'ai le regret de le dire, déclencha une crise d'hilarité chez les jumeaux.

– D'autre part, continua-t-il, s'il refuse vraiment de se servir de lubrifiant indien, il faudra que nous lui enlevions ses chaînes. Il est tout à fait impossible de dormir avec ce raffut dans les couloirs.

Rien toutefois ne vint les troubler durant le reste de la semaine ; le seul détail qui attira leur attention fut la réapparition continuelle de la tache de sang sur le parquet de la bibliothèque.

Ce phénomène était à coup sûr singulier puisque la porte était toujours fermée la nuit par M. Otis et les fenêtres soigneusement closes. Par ailleurs, la couleur de la tache de sang, qui changeait aussi souvent que celle d'un caméléon, suscitait des commentaires. Certains matins elle était terne, presque brunâtre, puis elle passait au vermillon, puis à une riche nuance pourpre et, une fois, alors qu'ils descendaient pour dire les prières familiales selon les rites simples de la libre Église réformée épiscopalienne américaine, ils la trouvèrent d'un vert émeraude éclatant. Ces changements kaléidoscopiques amusaient toute la famille et les paris étaient ouverts chaque soir à ce sujet. La seule personne qui n'entrait pas dans le jeu était la petite Virginia qui, pour quelque raison inexpliquée, était toujours perturbée à la vue de la tache de sang et qui, le matin où elle vira au vert émeraude, faillit fondre en larmes.

La seconde apparition du fantôme eut lieu un dimanche soir. Peu après être allés se coucher, les Otis furent subitement mis en alerte par un terrible fracas dans le hall. Ils se précipitèrent au bas des marches et constatèrent qu'une énorme armure ancienne s'était détachée de son socle pour s'éparpiller sur les dalles de pierre tandis que le fantôme de Canterville, assis dans un fauteuil à haut dossier droit, se frictionnait les genoux avec une expression de douleur aiguë sur les traits. Les jumeaux, qui s'étaient munis de leurs sarbacanes, tirèrent immédiatement deux boulettes sur lui avec cette précision qui ne peut être atteinte que grâce à une pratique assidue et prolongée sur la personne d'un maître d'école, tandis que le ministre des États-Unis, son revolver braqué sur l'intrus, lui intimait selon l'étiquette californienne l'ordre de lever les bras. Le fantôme se dressa avec un cri de rage aigu, il se précipita sur eux et les traversa comme un lambeau de brume, éteignant au passage la bougie de Washington Otis et les plongeant ainsi dans une obscurité totale.

Parvenu au sommet de l'escalier, il se ressaisit et résolut de recourir à son célèbre éclat de rire satanique. Plus d'une fois, ce procédé lui avait été fort utile. C'était lui qui, disait-on, avait fait virer au gris en une seule nuit la perruque de lord Raker et qui avait certainement décidé trois des gouvernantes françaises de lady Canterville à plier bagages bien avant la fin du mois. Il émit donc son ricanement le plus atroce jusqu'à ce qu'il résonnât et se répercutât contre l'antique voûte de plafond mais, à peine le terrifiant écho s'était-il éteint qu'une porte s'ouvrait et que Mme Otis surgissait, vêtue d'une robe de chambre bleu pâle.

– Je crains que vous ne soyez bien mal en point, dit-elle. Voici donc un flacon de l'élixir du Dr Dabell. S'il s'agit d'une indigestion, ce remède vous fera le plus grand bien.

Le fantôme, furieux, la foudroya du regard et prit aussitôt ses dispositions pour se transformer en un énorme chien noir, opération pour laquelle il était justement renommé et que le médecin de famille avait toujours jugée responsable de l'état d'idiotie permanent de l'oncle de lord Canterville, l'honorable Thomas Horton. Un bruit de pas qui se rapprochait le fit toutefois hésiter et il se contenta de devenir légèrement phosphorescent pour disparaître avec un grognement sépulcral à l'instant où les jumeaux le rejoignaient.

Une fois dans sa chambre, il sombra dans le marasme et devint la proie d'une violente agitation. La vulgarité des jumeaux, le matérialisme grossier de Mme Otis étaient, bien entendu, odieux, mais ce qui le démoralisait le plus, c'était sa totale inaptitude à revêtir la cotte de mailles. Il avait espéré que même des Américains modernes vibreraient à la vue d'un spectre en armure, ne fut-ce, à défaut de motif plus sensé, que par respect pour leur poète national, Longfellow, dont la poésie gracieuse et élégante lui avait allégé bien des heures de dépression pendant les séjours des Canterville à Londres. D'autant que c'était sa propre armure. Il l'avait glorieusement portée au tournoi de Kenilworth et elle lui avait valu les plus vifs compliments de la Reine Vierge en personne. Et pourtant, quand il avait essayé de l'endosser, il avait été complètement écrasé par le poids de la cotte d'armes et du bassinet et il était tombé lourdement sur le dallage de pierre, s'écorchant les genoux et s'éraflant les jointures de la main droite.

Durant plusieurs jours après cette mésaventure, gravement malade, il ne sortit guère de son refuge, sinon pour assurer le bon entretien de la tache de sang. Cependant, à force de se prodiguer à lui-même des soins attentifs, il se rétablit et résolut de faire une troisième tentative pour effrayer le ministre des États-Unis et toute sa famille. Il choisit le vendredi 17 août pour apparaître et passa la plus grande partie de la journée à inspecter sa garde-robe. Finalement, il opta pour un vaste chapeau de feutre aux larges bords rabattus orné d'une plume rouge, un linceul plissé aux poignets et au col et une dague rouillée. Vers le soir un violent orage éclata accompagné de trombes d'eau ; le vent soufflait avec une telle violence que toutes les portes et les fenêtres de la vieille demeure grinçaient et battaient à qui mieux mieux. En fait, c'était exactement le temps que le fantôme préférait. Son plan d'action était le suivant : il allait pénétrer sans bruit dans la chambre de Washington Otis, l'abreuver d'invectives incompréhensibles et le poignarder trois fois à la gorge au son d'une musique lente. Il gardait une dent particulière contre Washington, n'ignorant pas que c'était lui qui effaçait chaque jour la tache de sang avec le Superdétersif Pinkerton. Après avoir plongé ce godelureau sans cervelle dans un état de terreur abjecte, il se rendrait dans la chambre occupée par le ministre des États-Unis et sa femme et poserait une main glaciale et visqueuse sur le front de Mme Otis, tout en chuchotant d'une voix sifflante à l'oreille de son mari les terribles secrets du caveau de famille. Vis-à-vis de la petite Virginia, il n'avait pas encore arrêté de décision. Jamais elle ne l'avait insulté et elle était jolie et gentille. Quelques gémissements lugubres du fond de l'armoire, se dit-il, seraient plus que suffisants pour la réveiller, sinon il pourrait tirailler sur son édredon à petits coups saccadés. Quant aux jumeaux, il était bien résolu à leur donner une leçon. La première chose à faire était de s'asseoir sur leur poitrine pour leur faire éprouver une sensation d'étouffement cauchemardesque. Ensuite, comme leurs lits étaient tout proches l'un de l'autre, de se tenir entre eux sous la forme d'un cadavre vert et glacé jusqu'à ce qu'ils soient paralysés de peur, enfin de rejeter son linceul et tourner lentement autour de la pièce avec ses os blanchis et un œil roulant au creux de l'orbite dans le rôle de « Daniel le Muet » ou « Le Squelette du suicidé », rôle dans lequel il avait plus d'une fois fait un effet spectaculaire et qu'il considérait comme égal à celui de « Martin le Dément » ou « Le Mystère Masqué ».

A dix heures et demie, il entendit la famille qui montait se coucher. Pendant un moment, il fut dérouté par les hurlements de rires aigus des jumeaux qui, avec leur insouciante gaieté d'écoliers, batifolaient avant de se mettre au lit mais, à onze heures un quart, tout était calme et, lorsque minuit sonna, il s'élança. Le hibou se mit à voleter aux carreaux, le corbeau à coasser en haut du vieil if et le vent à gémir et à se lamenter autour de la maison comme une âme perdue ; mais les membres de la famille Otis dormaient, inconscients de leur destin et, très haut par-dessus la pluie et les rugissements de la tempête, le fantôme entendit les ronflements sonores du

ministre des États-Unis. Il émergea sans bruit des boiseries avec un sourire mauvais sur ses lèvres cruelles et la lune se voila la face derrière un nuage comme il se glissait devant la grande fenêtre en encorbellement où étaient blasonnées en azur et or ses armes et celles de sa femme assassinée. Il continua à se faufiler comme une ombre maléfique et l'obscurité même semblait prise de répulsion à son passage. A un moment, il crut entendre un appel et s'immobilisa, mais ce n'était que l'aboiement d'un chien de la Ferme Rouge et il se remit en marche, marmonnant d'étranges blasphèmes du XVIe siècle et brandissant de temps à autre sa dague rouillée. Enfin, il parvint à l'angle du couloir qui menait à la chambre de l'infortuné Washington. Un instant il s'y arrêta, tandis que le vent faisait voleter ses longues mèches grises autour de sa tête et tordait en plis bizarres l'horreur sans nom de son linceul funèbre. Puis la pendule sonna le quart et il jugea que le moment était venu. Avec un petit rire sarcastique, il tourna le coin. Mais à peine l'avait-il fait qu'il vacilla en arrière avec un pitoyable cri de terreur, et cacha son visage livide derrière ses longues mains osseuses. Droit devant lui se dressait un horrible spectre, immobile telle une statue, aussi hideux que le cauchemar d'un fou ! Son crâne était chauve et poli, son visage rond gras et blanc ; un rire atroce semblait s'être figé à jamais sur ses traits grimaçants. Les yeux projetaient des rayons de lumière sanglante, la bouche était un large puits de feu, et un affreux vêtement, semblable au sien, drapait de ses plis neigeux sa silhouette de Titan. Sur sa poitrine, une pancarte portait des mots écrits en caractères archaïques, quelque attestation ignominieuse, semblait-il, quelque liste de péchés atroces, quelque funeste éphéméride du crime et, dans sa main droite, il brandissait une large épée d'acier luisant.

N'ayant jamais vu de fantôme, il fut naturellement terrifié et, après un deuxième coup d'œil furtif à l'horrible question, il se sauva jusqu'à sa chambre, trébuchant dans les plis de son suaire et lâchant dans sa course sa dague dans les hautes bottes du ministre où elle fut retrouvée au matin par le maître d'hôtel. Une fois en sûreté dans son refuge, il se jeta sur son étroite paillasse et rabattit son voile blanc sur sa tête. Au bout d'un moment toutefois, la vieille tradition de vaillance chevaleresque des Canterville reprit le dessus et il résolut d'aller trouver l'autre fantôme dès qu'il ferait jour. Ainsi, à peine les lueurs argentées de l'aube avaient-elles effleuré les collines qu'il retournait vers ce lieu où l'abominable spectre lui était apparu, tout en songeant qu'après tout, deux fantômes valaient mieux qu'un et qu'avec l'aide de son nouvel ami, il pourrait plus sûrement s'en prendre aux jumeaux. Mais, comme il atteignait l'angle du couloir, une angoissante vision frappa son regard. Il était de toute évidence arrivé quelque chose au spectre, car la lumière était totalement éteinte dans ses yeux caves, le glaive luisant lui était tombé des mains et il était adossé de guingois au mur dans une position insolite. Il se ruait en avant pour ceinturer son adversaire quand il vit la tête de celui-ci tomber et rouler par terre tandis que le corps s'affaissait, et il se retrouva cramponné à une courtine de basin blanc, avec un balai, un couperet de cuisine et un gros navet creux gisant à ses pieds. Incapable de comprendre cette singulière métamorphose, il empoigna la pancarte avec une hâte fébrile et, à la lumière grisâtre du matin, il lut ces mots :

LE FANTÔME OTIS
Unique modèle déposé
garanti d'origine
Méfiez-vous des contrefaçons

En un éclair, il comprit tout. Il avait été joué, trompé, dupé. Alors la vieille intrépidité des Canterville brilla dans son regard ; il grinça de ses gencives édentées et, levant ses mains ridées très haut au-dessus de sa tête, il jura, selon la pittoresque phraséologie de la vieille école, que lorsque Chantecler aurait allègrement sonné du cor par deux fois, des crimes de sang seraient perpétrés et le Meurtre, à pas silencieux, se mettrait en marche.

A peine avait-il achevé ce terrible serment qu'un coq chanta sur le toit de tuiles rouges d'une ferme lointaine. Il laissa échapper un long rire étouffé chargé d'amertume et attendit. Heure après heure, il attendit, mais le coq, pour quelque raison étrange, ne rechanta pas... Enfin, à sept heures et demie, l'arrivée des femmes de chambre l'obligea à abandonner sa veille et il regagna dignement son refuge, ruminant ses espérances déçues et ses objectifs manqués. Puis il entreprit de consulter divers ouvrages de chevalerie antique, ses lectures de prédilection, et découvrit que, chaque fois qu'il avait été invoqué par serment, Chantecler avait toujours chanté une seconde fois.

– La peste étouffe cette maudite volaille, marmonna-t-il. Il fut un temps où, de mon fidèle épieu, je lui aurais transpercé le bréchet et fait chanter pour moi seul jusqu'à ce que mort s'ensuive.

Sur quoi, il alla s'allonger dans son douillet cercueil de plomb et y demeura jusqu'au soir.

4

Le jour suivant, le fantôme se sentait faible et fatigué. La terrible agitation qu'il avait connue au cours des quatre dernières semaines commençait à faire son effet. Il avait les nerfs absolument à vif et sursautait au moindre bruit. Durant cinq jours, il garda la chambre et, réflexion faite, il renonça à l'entretien de la tache de sang sur le sol de la bibliothèque. Si la famille Otis n'en voulait pas, c'était donc qu'elle ne la méritait pas. De toute évidence, ces gens vivaient dans un univers bassement matérialiste et étaient tout à fait incapables d'apprécier la valeur symbolique de phénomènes sensoriels. La question des apparitions fantasmagoriques et la formation des corps astraux était, bien entendu, d'une toute autre nature et elle échappait à son contrôle. Il était de son devoir absolu d'apparaître dans les couloirs une fois par semaine et d'émettre des cris inarticulés à la grande fenêtre en encorbellement, le premier et le troisième mercredi de chaque mois, et il ne voyait pas comment il aurait pu se soustraire honorablement à ses obligations. Il était vrai qu'il avait mené une vie détestable mais, d'un autre côté, en ce qui concernait le domaine surnaturel, il était consciencieux à l'excès. Les trois samedis suivants, en conséquence, il suivit le couloir entre minuit et trois heures, prenant toutes les précautions possibles pour n'être ni vu ni entendu. Il ôtait ses souliers, marchait à pas aussi légers que possible sur les lattes vermoulues du plancher, portait une grande cape de velours noir et veillait à utiliser le lubrifiant indien pour huiler ses chaînes. Je dois avouer que ce n'est pas sans beaucoup de répugnance qu'il se contraignit à se servir de ce produit. Cependant, un soir, tandis que la famille était en train de dîner, il se faufila dans la chambre de Mme Otis et emporta la bouteille. Sur le coup, il se sentit un peu humilié mais, par la suite, il fut assez avisé pour admettre que cette invention avait beaucoup de bon et que, jusqu'à un certain point, elle servait ses desseins. Mais en dépit de tout, il ne s'en tira pas sans dommage. Constamment, il rencontrait des ficelles tendues en travers du couloir sur lesquelles il butait dans l'obscurité et, une nuit, alors qu'il s'habillait en vue d'interpréter le rôle d'« Isaac le Noir ou le Chasseur du bois d'Hogley », il avait fait une très mauvaise chute en glissant sur une planche inclinée enduite de beurre que les jumeaux avaient disposée devant l'entrée de la Salle aux Tapisseries en haut du grand escalier de chêne. Ce dernier affront l'avait mis dans une telle rage qu'il avait résolu de réaffirmer sa dignité et décidé d'aller rendre visite aux jeunes insolents etoniens la nuit suivante dans son fameux rôle de « Rupert le Téméraire ou le Comte sans tête. »

Il n'était pas apparu sous cette forme depuis plus de soixante-dix ans ; en fait, pas depuis qu'ainsi déguisé il avait tant effrayé lady Barbara Modish qu'elle avait brusquement rompu ses fiançailles avec le grand-père de l'actuel lord Canterville et s'était enfuie à Gretna Green avec le beau Jack Castleton en déclarant que rien ne pourrait l'inciter à prendre époux dans une famille qui permettait à un fantôme aussi horrible de se promener sur la terrasse au crépuscule. Plus tard, le pauvre Jack avait été tué en duel par lord Canterville dans le parc dc Wandsworth et lady Barbara était morte de chagrin à Tunbridge Wells avant que l'année fut écoulée, si bien qu'à tous égards, on pouvait parler d'un succès complet.

C'était toutefois une « composition » très difficile à réaliser, si je puis appliquer une expression aussi scénique à l'un des plus grands mystères du monde surnaturel ou, pour avoir recours à un terme plus scientifique, le monde supranaturel, et il lui fallut trois bonnes heures pour achever ses préparatifs. Enfin, tout fut prêt et il était enchanté de son aspect. Les hautes bottes de cuir qui faisaient partie de son costume étaient un peu trop grandes pour lui et il ne put trouver qu'un seul des deux pistolets d'arçon mais, dans l'ensemble, il était satisfait et, à une heure et quart, il traversa la boiserie et commença à longer le couloir à pas comptés. Comme il atteignait la chambre occupée par les jumeaux qui, je dois le préciser, était appelée la Chambre Bleue en raison de la couleur de ses tentures, il trouva la porte entrebâillée. Désireux de faire une entrée spectaculaire, il poussa brusquement le panneau et reçut un lourd broc d'eau qui l'inonda et lui manqua l'épaule gauche d'un cheveu. Au même instant, il entendit des hurlements de rire étouffés qui venaient des deux lits à baldaquin. La surprise lui causa un tel choc nerveux que, dans une fuite éperdue, il courut s'enfermer dans sa chambre où, le jour suivant, il se trouva cloué au lit par une grippe sévère. Du moins dans son malheur eut-il une consolation. Il avait laissé sa tête chez lui, car s'il l'avait mise sur ses épaules, les conséquences auraient pu être dramatiques pour lui.

Ayant désormais renoncé à tout espoir d'effrayer cette grossière famille d'Américains, il se contenta, pour la bonne règle, de rôder dans les couloirs avec des chaussons de lisière aux pieds, une épaisse écharpe rouge autour du cou contre les courants d'air et armé d'une petite arquebuse au cas où il serait attaqué par les jumeaux. Ce fut le 19 septembre qu'il reçut le coup de grâce. Il était descendu dans le grand hall d'entrée, certain de ne pas y être molesté, et il s'amusait à ironiser sur les grandes photos du ministre des États-Unis et de sa femme, signées Saroni, qui avaient maintenant pris la place des portraits d'ancêtres de la famille Canterville. Il était vêtu simplement mais avec élégance d'un long linceul souillé de terre de cimetière, avait attaché sa mâchoire avec une bande de tissu jaune et portait une petite lanterne ainsi qu'une bêche de fossoyeur. En fait, il était déguisé en « Jonas le Déterré ou le Voleur de Cadavres de Cherney Barn », une de ses créations les plus remarquables, création dont les Canterville avaient toute raison de se souvenir, car c'était là la véritable origine de leur querelle avec leur voisin, lord Rufford. Il était environ deux heures et demie du matin et, pour autant qu'il pouvait en juger, rien ni personne ne bougeait. Comme il s'approchait de la bibliothèque pour voir s'il restait quelque trace de la tache de sang, soudain lui sautèrent dessus, surgies d'un coin sombre, deux silhouettes qui agitaient frénétiquement les bras au-dessus de leur tête en lui hurlant « Bouh ! » à l'oreille.

Pris de panique – ce qui dans sa situation était rien moins que naturel – il se rua vers l'escalier mais se heurta à Washington Otis qui l'attendait avec le grand pulvérisateur du jardin. Ainsi cerné de tous côtés par ses ennemis et presque à leur merci, il s'évanouit dans l'énorme poêle de fonte qui, par bonheur pour lui, n'était pas allumé et, réduit à battre en retraite en se faufilant dans les conduits et les cheminées, il parvint chez lui dans un affreux état de saleté, de désordre et de désespoir.

Par la suite on ne le revit plus jamais s'aventurer dans une expédition nocturne. A plusieurs occasions, les jumeaux le guettèrent et semèrent chaque soir les couloirs de coquilles de noix au grand dam de leurs parents et des domestiques, mais sans résultat. Il était évident que le fantôme était à ce point blessé qu'il ne réapparaîtrait plus. En conséquence, M. Otis se remit à sa grande œuvre sur l'histoire du parti démocrate à laquelle il s'était attelé depuis plusieurs années déjà. Mme Otis organisa un somptueux raout qui émerveilla tout le comté. Les garçons jouaient au hockey, au mistigri, au poker, et Virginia faisait du poney dans les allées du parc, escortée par le jeune duc de Cheshire qui était venu passer la dernière semaine de ses vacances à Canterville Chase. Il était généralement admis que le fantôme s'en était allé et, pour tout dire, M. Otis écrivit une lettre en ce sens à lord Canterville qui, en réponse, lui fit part de tout le plaisir que lui causait cette nouvelle et envoya ses meilleurs compliments à la digne épouse du ministre.

Les Otis se trompaient cependant, car le fantôme était toujours dans la maison et, quoique maintenant à demi invalide, n'était nullement disposé à abandonner la partie, en particulier lorsqu'il apprit que parmi les invités se trouvait le jeune duc de Cheshire dont le grand-oncle, lord Francis Stilton, avait naguère parié cent guinées avec le colonel Carbury qu'il jouerait aux dés avec le fantôme de Canterville et avait été découvert le lendemain matin gisant sur le sol du fumoir dans un tel état d'aphasie que, en dépit d'une longévité remarquable, il n'avait plus jamais été capable de dire autre chose que « Double Six ! » L'histoire avait fait grand bruit à l'époque, encore que, bien entendu, par respect pour les sentiments des deux nobles familles, tout avait été tenté pour la garder secrète, et l'on pourra trouver un exposé détaillé de toutes les circonstances qui avaient entouré l'affaire dans le troisième volume des *Souvenirs du prince régent et de ses amis,* de lord Tattle. Le fantôme tenait donc beaucoup à montrer qu'il n'avait pas perdu son influence sur les Stilton dont il était en vérité un parent éloigné, sa première cousine germaine ayant épousé en secondes noces le sieur de Bulkeley, dont comme chacun sait, descendait la lignée des ducs de Cheshire. Il prit en conséquence ses dispositions pour apparaître au jeune soupirant de Virginia sous son aspect du « Moine Vampire ou Bénédictin Exsangue », une apparition tellement horrible que lorsque la vieille lady Startup en avait été témoin, elle s'était mise à pousser des cris perçants qui, à leur paroxysme, avaient déclenché chez elle une crise d'apoplexie et qu'elle était morte dans les trois jours, après avoir déshérité les Canterville, ses plus proches parents, et laissé toute sa fortune à son apothicaire de Londres. Au dernier moment, malgré tout, la terreur qui lui inspiraient les jumeaux l'empêcha de sortir de sa chambre et le petit duc dormit en paix sous le vaste dais emplumé de la chambre royale où il rêva de Virginia.

5

Quelques jours après, Virginia et son chevalier servant aux cheveux bouclés chevauchaient dans les prés de Brockley. En franchissant une haie, Virginia fit un tel accroc à son habit qu'elle résolut de rentrer dans la maison par l'escalier de service pour qu'on ne la voie pas. Comme elle traversait la Salle des Tapisseries dont la porte était ouverte, elle crut voir quelqu'un à l'intérieur et, pensant que c'était la femme de chambre de sa mère qui venait parfois s'installer là avec son ouvrage, elle jeta un coup d'œil dans la pièce pour lui demander de recoudre son habit. A son immense surprise, elle reconnut le fantôme de Canterville en personne ! Assis près de la fenêtre, il contemplait l'or finissant des frondaisons jaunies qui voletait dans l'air et les tourbillons dansants des feuilles rouges le long de la grande allée.

Le front penché au creux de sa main, toute son attitude trahissait une profonde détresse. En vérité, il paraissait si désemparé, si mal en point que la petite Virginia, dont la première idée avait été de se sauver pour s'enfermer à double tour dans sa chambre, se sentit tellement émue qu'elle résolut d'essayer de le consoler. Elle marchait d'un pas si léger que, dans son accablement, il ne s'aperçut pas de sa présence avant qu'elle ne lui ait adressé la parole.

– Je vous plains beaucoup, dit-elle, mais mes frères repartent pour Eton demain donc, si vous vous tenez tranquille, personne ne vous fera d'ennuis.

– Il est absurde de me demander de me tenir tranquille, répliqua-t-il, regardant, ébahi, cette ravissante enfant qui s'était risquée à lui parler. Totalement absurde. Je dois faire tinter mes chaînes, gémir par les trous de serrure et me promener la nuit, si c'est à cela que vous faites allusion. C'est ma seule raison d'exister.

– Ce n'est pas du tout une raison d'exister et vous savez très bien que vous avez été très méchant. Mme Umney nous a dit, le jour de notre arrivée ici, que vous aviez tué votre femme.

– D'accord, je l'admets, dit le fantôme avec vivacité, mais c'était un problème purement familial et qui ne concernait personne d'autre.

– C'est très mal, de tuer les gens, dit Virginia qui faisait parfois preuve d'une charmante rigueur puritaine, héritée de quelque lointain ancêtre de Nouvelle-Angleterre.

– Oh, je déteste la misérable austérité de cette éthique abstraite ! Ma femme était très laide, mes fraises n'étaient jamais bien amidonnées et elle n'entendait rien à la cuisine. Tenez, je pense à ce daim que j'avais abattu dans le bois de Hogley, un superbe daguet, et savez-vous comment elle l'a fait servir à table ?... Enfin, peu importe. Tout ça est bien loin et, même si je l'avais tuée, je crois que ce n'était guère courtois de la part de ses frères de me laisser mourir de faim.

– Vous laissez mourir de faim ? Oh, monsieur le fantôme, je veux dire sir Simon, avez-vous faim ? J'ai un sandwich dans mon sac. Voulez-vous que je vous le donne ?

– Non, merci. Je ne mange plus rien maintenant, mais c'est très gentil de votre part et vous êtes beaucoup plus aimable que le reste de votre détestable famille, grossière, vulgaire, malhonnête.

– Arrêtez ! cria Virginia en tapant du pied. C'est vous qui êtes détestable et vulgaire et grossier. Quant à la malhonnêteté, vous savez très bien que vous avez volé mes tubes de peinture pour essayer de refaire cette tache de sang ridicule dans la bibliothèque. D'abord, vous avez pris tous les rouges, y compris le vermillon, ce qui fait que je ne pouvais plus peindre de couchers de soleil, puis vous avez pris le vert émeraude et le jaune de chrome et, pour finir, il ne m'est resté que l'indigo et le blanc de Chine et je ne pouvais plus faire que des clairs de lune, ce qui est toujours déprimant à regarder et en plus très difficile à réussir. J'étais excédée et tout ça était vraiment ridicule, mais jamais je ne vous ai dénoncé. A-t-on jamais vu du sang vert émeraude ?

– Vous avez raison, dit le fantôme, l'air plutôt déconfit, mais qu'est-ce que je pouvais faire ? C'est très difficile de se procurer du vrai sang de nos jours, et c'est votre frère qui a commencé avec son superdétersif, je ne vois pas pourquoi, moi, je n'aurais pas pris vos peintures. Quant à la couleur, c'est toujours une affaire de goût. Les Canterville ont du sang bleu, par exemple, le plus bleu d'Angleterre, mais je sais bien que ce genre de détails ne vous intéresse pas, vous autres Américains.

– Vous ne savez rien du tout et ce que vous pourriez faire de mieux, ce serait d'émigrer et de vous cultiver un peu. Mon père sera trop heureux de vous offrir un voyage gratuit et, bien qu'il y ait des droits énormes à payer sur l'esprit-de-vin, vous n'aurez pas de problèmes à la douane car tous les employés sont démocrates. Une fois à New York, vous êtes sûr d'obtenir un énorme succès. Je connais des tas de gens qui donneraient cent mille dollars pour avoir un grand-père, alors, vous pensez, pour un fantôme de famille !

– Je ne crois pas que l'Amérique me plairait.

– Parce que nous n'avons pas de ruines ou de curiosités, je suppose ? dit Virginia d'un ton ironique.

– Pas de ruines ! Pas de curiosités ! s'exclama le fantôme. Vous avez votre marine et vos manières.

– Bonsoir. Je vais aller demander à papa de s'arranger pour que les jumeaux aient une semaine de congé de plus.

– Je vous en prie, miss Virginia, ne partez pas ! s'écria-t-il Je suis si seul et si malheureux. Et je ne sais vraiment pas quoi faire. Je voudrais dormir et je n'y arrive pas.

– Ça ne tient pas debout. Vous n'avez qu'à vous coucher et souffler la bougie. C'est quelquefois très difficile de rester éveillé, surtout à l'église. Voyons, même les bébés savent comment s'y prendre et ils ne sont pourtant pas bien malins.

– Je ne dors pas depuis trois cents ans, dit le fantôme, et les beaux yeux bleus de Virginia se dilatèrent d'étonnement. Trois cents ans que je n'ai pas fermé l'œil et je suis si fatigué.

Virginia prit un air très grave et ses lèvres fines frémirent comme des pétales de rose. Elle s'approcha, s'agenouilla à côté de lui et leva les yeux vers son vieux visage fripé.

– Pauvre, pauvre fantôme, murmura-t-elle. Vous n'avez vraiment aucun endroit où dormir ?

– Bien loin au-delà des pinèdes, répondit-il à voix basse et rêveuse, il y a un petit jardin. L'herbe y pousse haute et drue, les grandes étoiles blanches de la ciguë fleurissent, le rossignol y chante toute la nuit. Toute la nuit il chante, et la froide lune de cristal le regarde et les ifs étendent leurs ramures géantes au-dessus des dormeurs.

Les yeux de Virginia se remplirent de larmes et elle se cacha le visage dans les mains.

– Vous voulez dire le Jardin de la Mort, chuchota-t-elle.

– Oui, la mort. La mort doit être si belle. Reposer dans la douce terre brune, avec l'herbe qui ondule au-dessus de votre tête et écouter le silence. Ne connaître ni hier ni lendemain. Oublier le temps, oublier la vie, être en paix. Vous pouvez m'aider, vous pouvez ouvrir pour moi les portes de la maison de la mort, car l'amour toujours vous accompagne et l'amour est plus fort que la mort.

Virginia se mit à trembler. Un frisson glacé la parcourut et pendant quelques instants régna le silence. Elle avait l'impression d'être plongée dans un terrible rêve.

Puis le fantôme reprit la parole et sa voix murmura comme un souffle de vent :

– Avez-vous jamais lu la vieille prophétie sur la fenêtre de la bibliothèque ?

– Oh, souvent, s'écria la petite fille en levant les yeux. Je la connais très bien ; elle est peinte en drôles de lettres noires et c'est difficile à lire. Elle n'a que six lignes.

Quand une fille aux cheveux d'or viendra
Qu'une prière aux lèvres du pécheur naîtra
Quand l'amandier stérile ses fruits prodiguera
Qu'une petite enfant ses larmes donnera
Alors dans la maison le calme renaîtra
Et Canterville enfin la paix retrouvera.

Mais je ne sais pas ce qu'elles signifient.

– Elles signifient, dit-il tristement, que vous devez pleurer pour mes péchés, parce que je n'ai pas de larmes, et prier pour mon âme, parce que je n'ai pas de foi et, si vous avez toujours été douce, bonne et gentille, l'Ange de la Mort aura pitié de moi. Vous verrez des formes effrayantes dans l'obscurité et des voix maléfiques vous chuchoteront à l'oreille, mais elles ne vous toucheront pas car, contre la pureté d'une enfant, les puissances de l'Enfer sont désarmées.

Virginia ne répondit pas et le fantôme se tordit les mains de désespoir, les yeux baissés sur le casque d'or de sa tête inclinée. Soudain, elle se redressa, très pâle, avec une lueur étrange dans les yeux.

– Je n'ai pas peur, dit-elle avec fermeté, et je demanderai à l'ange d'avoir pitié de vous.

Il se leva de son siège avec un faible cri de joie, lui prit la main et, avec une grâce surannée, y déposa un baiser. Ses doigts étaient aussi froids que la glace et ses lèvres brûlaient comme le feu, mais Virginia n'eut pas d'hésitation tandis qu'il lui faisait traverser la pièce obscure. Les petits chasseurs qui ornaient la tapisserie aux tons vert fané se mirent à souffler dans leurs trompes festonnées de pompons et, de leurs mains minuscules, lui firent signe de battre en retraite : « Retourne en arrière, petite Virginia, retourne en arrière ! » Mais le fantôme lui étreignait la main et elle ferma les yeux pour ne pas les voir. D'horribles animaux à queues de lézard et aux yeux globuleux battirent des paupières du haut de la cheminée aux montants de bois sculpté, en murmurant : « Prends garde, petite Virginia, prends garde ! On ne te reverra peut-être jamais plus ! » Mais le fantôme allait de plus en plus vite et Virginia ne les écoutait pas. Comme ils atteignaient l'autre bout de la pièce, le fantôme s'arrêta et murmura quelques mots qu'elle ne put comprendre. Elle ouvrit les yeux, vit le mur qui se dissipait lentement comme un écran de brume, et une vaste caverne noire s'ouvrit devant elle. Un vent froid et mordant les enveloppa et elle sentit quelque chose qui tiraillait sa robe.

– Vite, vite, cria le fantôme, ou il sera trop tard !

L'instant d'après, les boiseries se refermaient derrière eux et la Salle des Tapisseries était vide.

6

Dix minutes plus tard environ la cloche sonna pour le thé et, comme Virginia ne descendait pas, Mme Otis envoya l'un des valets de pied la prévenir. Au bout d'un moment, il revint et dit qu'il n'avait pu trouver miss Virginia nulle part. Comme elle avait l'habitude de sortir dans le jardin chaque soir cueillir des fleurs pour orner la table du dîner, Mme Otis ne s'alarma pas tout de suite, mais six heures sonnèrent et Virginia n'apparaissait toujours pas, alors elle commença à s'inquiéter et envoya les garçons à sa recherche tandis qu'elle-même et M. Otis fouillaient chaque pièce de la maison. A six heures et demie, les garçons revinrent en déclarant qu'ils n'avaient trouvé aucune trace de leur sœur. M. Otis se souvint brusquement que, quelques jours plus tôt, il avait donné à une bande de bohémiens l'autorisation de camper dans le parc ; il partit donc séance tenante pour Blackfell Hollow où il savait les retrouver, accompagné de son fils aîné et de deux domestiques de la ferme. Le petit duc de Cheshire, au comble de l'anxiété, se répandit en supplications pour faire partie du groupe, mais M. Otis refusa de l'emmener parce qu'il craignait une échauffourée. En arrivant sur les lieux, il constata que les romanichels étaient partis et, de toute évidence, ce départ avait été précipité car le feu brûlait encore et des écuelles traînaient dans l'herbe. Après avoir envoyé Washington et les deux domestiques explorer les environs, Otis rentra précipitamment et envoya des dépêches à tous les inspecteurs de police du comté en leur demandant de rechercher une jeune fille qui avait été enlevée par des vagabonds ou des romanichels. Il commanda ensuite qu'on sellât son cheval et, après avoir insisté pour que sa femme et les trois garçons se mettent à table pour le dîner, il partit le long de la route d'Ascot, escorté d'un valet d'écurie. Il avait à peine parcouru trois ou quatre kilomètres qu'il entendit derrière lui un cheval qui galopait et, s'étant retourné, il vit le petit duc qui arrivait sur son poney, tête nue et le visage en feu.

– Je suis desolé, M. Otis, dit le jeune garçon, mais je ne peux pas dîner tant que Virginia n'est pas retrouvée. Ne soyez pas fâché, je vous en prie. Si vous nous aviez laissé nous fiancer l'année dernière, tout ça ne serait jamais arrivé. Vous n'allez pas me renvoyer, n'est-ce pas ? Je ne veux pas rentrer ! Et je ne rentrerai pas !

Vivement touché de la dévotion qu'il manifestait à l'égard de Virginia, le ministre ne put s'empêcher de sourire au jeune et gracieux chenapan. Penché sur l'encolure de son cheval, il lui tapota affectueusement l'épaule et dit :

– Ma foi, Cecil, si vous ne voulez pas rentrer,

venez avec moi, mais il faut que je vous trouve un chapeau à Ascot.

– Oh, zut pour le chapeau ! C'est Virginia que je veux ! s'écria le petit duc en riant, et ils prirent le galop en direction de la gare.

M. Otis demanda au chef de gare si une jeune fille répondant à la description de Virginia avait été vue sur le quai, mais il n'apprit rien à son sujet ; le chef de gare, toutefois, expédia des dépêches dans les deux directions opposées de la ligne et assura M. Otis qu'une étroite surveillance serait exercée en vue de retrouver sa fille. Après avoir acheté un chapeau pour le petit duc chez un mercier qui était en train de fermer ses volets, M. Otis chevaucha jusqu'à Bexley, un village à six kilomètres de là environ, lieu bien connu, lui avait-on dit, de rassemblement des bohémiens dans le vaste pré communal voisin. Il alerta le représentant de la police locale mais n'en obtint aucun renseignement et, après avoir exploré à cheval tout le pré, ils tournèrent bride pour regagner la maison et arrivèrent à Canterville Chase vers sept heures, recrus de fatigue et l'âme en peine. Ils trouvèrent Washington et les jumeaux qui les attendaient au portail avec des lanternes, car l'avenue était très sombre.

On n'avait découvert aucune trace de Virginia. Les bohémiens avaient été retrouvés dans les prés de Broxley mais Virginia n'était pas avec eux, et s'ils étaient partis précipitamment, expliquèrent-ils, c'était à la suite d'une erreur sur la date de la foire de Chorton où ils avaient craint d'arriver trop tard. Ils avaient même été désolés d'apprendre la disparition de Virginia,

d'autant qu'ils étaient très reconnaissants à M. Otis de les avoir autorisés à camper dans son parc, et quatre d'entre eux s'étaient séparés du groupe pour participer aux recherches. L'étang aux carpes avait été dragué et toute la propriété minutieusement explorée sans le moindre résultat. Il était évident que, pour cette nuit-là du moins, Virginia était perdue ; et c'est dans un état d'abattement profond que M. Otis et les garçons rentrèrent dans la maison, suivis par le valet d'écurie qui ramenait les deux chevaux et le poney. Dans le hall, ils trouvèrent un groupe de domestiques sur le qui-vive et, allongée sur un canapé dans la bibliothèque, la pauvre Mme Otis, à demi folle de peur et d'anxiété, dont la vieille gouvernante bassinait le front avec des compresses d'eau de cologne. M. Otis insista aussitôt pour qu'on lui servit quelque chose à manger et commanda un souper pour tout le monde. Ce fut un triste repas ; personne ou presque ne souffla mot et les jumeaux eux-mêmes étaient désemparés, prostrés, car ils aimaient énormément leur sœur. Lorsqu'ils eurent fini, M. Otis, en dépit des prières du petit duc, leur donna l'ordre d'aller se coucher en disant qu'on ne pouvait rien faire de plus cette nuit-là et qu'il télégraphierait le lendemain à Scotland Yard qu'on leur envoyât sans délais des inspecteurs de police. Au moment où ils sortaient de la salle à manger, minuit se mit à sonner à l'horloge de la tour et ils entendirent un grand bruit accompagné d'un cri aigu ; un roulement de tonnerre effrayant fit vibrer la maison, les accents d'une musique céleste flottèrent dans l'air, un panneau de la boiserie au sommet de l'escalier se déroba avec fracas et, sur le palier, très pâle et blanche, un petit coffret à la main, surgit Virginia. Ce fut en un instant une ruée générale vers le haut des marches. M. Otis étreignit Virginia avec passion, le petit duc l'étouffa de baisers frénétiques et les jumeaux se mirent à exécuter une danse du scalp autour du groupe.

– Grand Dieu, mon enfant, où étais-tu donc ? s'écria M. Otis avec une certaine humeur, pensant qu'elle avait voulu leur jouer un tour de sa façon. Cecil et moi avons parcouru tout le pays à cheval pour te retrouver et ta mère était mortellement inquiète. Il ne faut plus jamais faire des mauvaises farces de ce genre.

– Sauf au fantôme ! Sauf au fantôme ! glapirent les jumeaux en exécutant des cabrioles.

– Ma petite chérie, Dieu merci te voilà retrouvée. Je ne veux plus jamais que tu me quittes, murmura Mme Otis en embrassant l'enfant tremblante et en lissant ses mèches d'or emmêlées.

– Papa, dit Virginia calmement, j'étais avec le fantôme. Il est mort et il faut que tu viennes le voir. Ç'avait été un très méchant homme, mais il regrettait sincèrement tout ce qu'il avait fait de mal et, avant de mourir, il m'a donné cette cassette de bijoux superbes.

Toute la famille la regardait, muette de stupeur, mais elle était parfaitement sérieuse et grave, puis elle se détourna et les conduisit par le panneau ouvert dans la boiserie le long d'un étroit corridor secret ; Washington suivait avec une bougie allumée qu'il avait prise sur la table. Enfin, ils parvinrent à une lourde porte de chêne rehaussée de clous rouillés. Sous les doigts de Virginia, la porte pivota sur ses gonds et ils se trouvèrent dans une petite pièce basse avec un plafond voûté et une minuscule fenêtre garnie de barreaux. Scellé dans le mur, un énorme anneau de fer auquel était enchaîné un squelette gisant de tout son long sur le sol de pierre, et qui semblait essayer de saisir de ses longs doigts décharnés une cruche antique et une écuelle placées juste hors de sa portée. De toute évidence, la cruche avait été jadis remplie d'eau, car ses parois intérieures étaient tapissées d'une mousse verdâtre. Dans l'écuelle ne restait qu'un infime tas de poussière. Virginia s'agenouilla à côté du squelette et, joignant ses petites mains, elle se mit à prier en silence tandis que les autres semblaient songer avec effroi à la terrible tragédie dont le secret venait de leur être dévoilé.

– Ah tiens ! s'exclama soudain l'un des jumeaux qui regardait par la petite fenêtre pour tenter de découvrir dans quelle aile du manoir était située la pièce. Tiens ! Le vieil amandier desséché est en fleur. On les voit bien au clair de lune.

– Dieu lui a pardonné, dit gravement Virginia en se relevant, et une lumière radieuse parut illuminer son visage.

– Vous êtes un ange ! s'écria le jeune duc et il lui passa un bras autour du cou et l'embrassa.

7

Quatre jours après ces curieux événements, un convoi funèbre partit de Canterville Chase vers onze heures du soir. Huit chevaux noirs, la tête ornée de hauts plumets d'autruche, tiraient le corbillard et le cercueil de plomb était recouvert d'un riche drap pourpre sur lequel étaient brodées en or les armes des Canterville. A côté du corbillard et des voitures marchaient les domestiques portant des torches allumées et toute la procession était fort impressionnante. Lord Canterville, venu tout exprès du pays de Galles pour assister aux funérailles, conduisait le deuil, assis dans la première voiture avec Virginia à côté de lui. Ensuite venaient le ministre des États-Unis et sa femme, puis Washington et les trois garçons. Mme Umney occupait la dernière voiture. De l'avis général, elle avait été suffisamment effrayée par le fantôme durant plus de cinquante ans de sa vie pour avoir le droit de l'accompagner à sa dernière demeure. Une fosse profonde avait été creusée dans le coin du cimetière, juste en dessous du grand if et le service fut célébré avec beaucoup de solennité par le révérend Augustus Dampier. La cérémonie terminée, selon une vieille coutume de la famille Canterville, les domestiques éteignirent leurs torches et, tandis que l'on descendait le cercueil dans la fosse, Virginia s'avança et déposa sur le couvercle une grande croix faite de fleurs d'amandier roses et blanches. Au même instant, la lune surgit de derrière un nuage et baigna le petit cimetière de sa silencieuse lumière argentée, et dans un bosquet lointain s'éleva le chant du rossignol. Virginia songea à la description que lui avait faite le fantôme du Jardin de la Mort ; ses yeux s'embuèrent de larmes, et elle demeura silencieuse durant le trajet de retour.

Le lendemain matin, avant que lord Canterville regagnât la ville, M. Otis eut un entretien avec lui à propos des bijoux que le fantôme avait donnés à Virginia. Ils étaient somptueux, en particulier un collier de rubis à monture ancienne de Venise, merveilleux exemple de travail d'orfèvrerie du XVIe siècle, et leur valeur était telle que M. Otis éprouvait de graves scrupules à l'idée de laisser sa fille les accepter.

– Milord, dit-il, je sais que dans ce pays le droit de mainmorte s'applique aussi bien aux colifichets qu'à la terre et il m'apparaît clairement que ces bijoux font partie ou devraient faire partie de l'héritage familial. Je dois en conséquence vous prier de bien vouloir les emporter à Londres et de les considérer simplement comme une part de vos biens qui vous a été restituée dans certaines circonstances étranges. Quant à ma fille, ce n'est qu'une enfant qui, jusqu'ici, je suis heureux de le dire, ne s'intéresse guère à de tels signes d'un luxe frivole. J'ai appris en outre par Mme Otis – qui, si je puis me permettre, fait autorité en matière d'art, ayant eu le privilège de passer plusieurs hivers à Boston quand elle était jeune fille – que ces pierreries ont une grande valeur marchande et que, mises en vente, elles atteindraient des prix considérables. Dans ces conditions, lord Canterville, il m'est tout à fait impossible de les laisser en la possession d'un membre de ma famille et, à vrai dire, toutes ces vaines parures, si opportunes ou nécessaires qu'elles soient à la dignité de l'aristocratie britannique, seraient très déplacées parmi ceux qui ont été élevés selon les principes austères et, je crois, immortels, de la simplicité républicaine. Peut-être devrais-je ajouter que Virginia désire beaucoup que vous lui permettiez de conserver le coffret comme souvenir de votre ancêtre infortuné mais dévoyé. Comme il est très ancien et presque irréparable, vous jugerez peut-être bon d'accéder à sa requête. Pour ma part, j'avoue que je suis assez surpris qu'un de mes enfants soit attiré par le monde médiéval sous quelque forme que ce soit et, selon moi, la seule explication de cette singularité tient à ce que Virginia est née dans un de vos faubourgs de Londres peu après le retour de Mme Otis d'un voyage à Athènes.

Lord Canterville écouta avec beaucoup de gravité le discours du digne ministre, tiraillant de temps en temps sa moustache grise pour dissimuler un sourire involontaire et, lorsque

M. Otis eut terminé, il lui serra cordialement la main et répondit :

– Cher monsieur, votre charmante petite fille a rendu à mon malheureux ancêtre, sir Simon, un très grand service, et ma famille et moi-même lui sommes infiniment reconnaissants de son sang-froid et de sa crânerie. Les bijoux sont à elle, sans le moindre doute et, parbleu ! je crois que si j'étais assez sordide pour les lui prendre, le vieux scélérat sortirait de sa tombe séance tenant et me ferait mener une existence infernale. Quant à faire partie de l'héritage, rien ne peut être considéré comme tel à moins de figurer sur un testament ou un document légal ; en outre, l'existence de ces bijoux était totalement inconnue... Je vous assure que je n'ai pas plus de droits sur eux que votre maître d'hôtel et quand miss Virginia sera grande, j'ose dire qu'elle sera ravie d'avoir de jolies choses à porter. D'ailleurs, vous oubliez, M. Otis, que le mobilier et le fantôme étaient compris dans notre transaction donc, tout ce qui appartenait au fantôme vous revient de droit car, si remuant qu'ait pu se montrer sir Simon dans les couloirs, du point de vue légal, il n'en était pas moins mort et vous avez acquis ses biens par contrat.

M. Otis, vivement contrarié par le refus de lord Canterville, le pressa de revenir sur sa décision, mais l'affable pair du royaume n'en démordit pas et, pour finir, il persuada le ministre de permettre à sa fille de conserver le cadeau du fantôme.

Quand, au printemps de 1890, la jeune duchesse de Cheshire fut présentée à la Reine à l'occasion de son mariage, ses bijoux firent l'admiration de tous. Car Virginia reçut la couronne, qui est la récompense de toutes les bonnes petites filles américaines, et épousa son soupirant dès qu'il eut atteint l'âge requis. Ils étaient l'un et l'autre si charmants et s'aimaient d'un tel amour que leur union enchanta tout le monde, à l'exception de la vieille marquise de Dumbleton qui s'était efforcée d'annexer le duc pour l'une de ses sept filles à marier et n'avait pas donné moins de trois grands dîners dans ce but, auxquels, bizarrement, M. Otis lui-même avait été invité.

M. Otis éprouvait personnellement une vive sympathie pour le jeune duc mais, par principe, il était hostile aux titres et, pour citer ses propres paroles : « Il n'était pas sans craindre que les influences débilitantes exercées par une aristocratie assoiffée de plaisir n'entraînent l'oubli de la simplicité républicaine ». Ses objections furent néanmoins totalement battues en brèche, et je crois que lorsqu'il s'avança le long de la nef de Saint-George sur Hanover Square avec sa fille à son bras, il n'y avait pas d'homme plus fier dans toute l'Angleterre.

Une fois la lune de miel terminée, le duc et la duchesse se rendirent à Canterville Chase et, le lendemain de leur arrivée, ils allèrent à pied jusqu'au cimetière solitaire en passant par le bois de pins. Le choix de l'inscription à graver sur la tombe de sir Simon avait suscité des discussions ardues mais, pour finir, il fut décidé d'y graver simplement les initiales du vieux gentilhomme avec le poème figurant à la fenêtre de la bibliothèque. La duchesse avait apporté un bouquet de superbes roses qu'elle effeuilla au-dessus de la tombe et, après s'être recueillis un moment sur les lieux, ils gagnèrent à pas lents le chœur de la vieille abbaye en ruine. La duchesse s'assit sur une colonne qui gisait au sol tandis que son mari, étendu à ses pieds, une cigarette aux lèvres, regardait ses beaux yeux. Soudain, il jeta sa cigarette, prit la main de sa jeune épouse et lui dit :

– Virginia, une femme ne devrait pas avoir de secrets pour son mari.

– Cher Cecil, je n'ai pas de secrets pour vous.

– Si, vous en avez, répondit-il avec un sourire. Jamais vous ne m'avez dit ce qui vous était arrivé quand vous étiez enfermée avec le fantôme.

– Je ne l'ai jamais dit à personne, Cecil, fit Virginia d'un ton grave.

– Je sais, mais à moi, vous pourriez le dire.

– Je vous en prie, ne me le demandez pas, Cecil. Je ne peux pas vous le dire. Pauvre sir Simon ! Je lui dois beaucoup. Si, si, ne riez pas, Cecil, c'est vrai. Il m'a fait comprendre ce qu'était la Vie et la signification de la Mort et pourquoi l'Amour est plus fort que l'un et l'autre.

Le duc se releva et embrassa sa femme avec tendresse.

– Vous pouvez garder votre secret aussi longtemps que votre cœur sera mien, murmura-t-il.

– Il a toujours été à vous, Cecil.

– Et vous raconterez l'histoire un jour à nos enfants, n'est-ce pas ?

Le rose monta aux joues de Virginia.

Le crime de lord Arthur Savile

Étude sur le devoir

1

C'était la dernière réception de lady Windermere avant Pâques et les invités se pressaient encore plus nombreux que d'habitude à Bentick House. Six membres d'un cabinet ministériel s'y étaient retrouvés après l'audience du président de la Chambre des communes, arborant leurs décorations et leurs rubans ; toutes les jolies femmes portaient leurs robes les plus élégantes et, à l'extrémité de la galerie de peinture se tenait la princesse Sophia de Carlsrühe, dame corpulente à la mine farouche avec de tout petits yeux noirs et de merveilleuses émeraudes, qui baragouinait le français à tue-tête et s'esclaffait immodérément à tout ce qu'on lui disait. C'était, à coup sûr, un prodigieux assemblage de gens. De somptueuses pairesses bavardaient aimablement avec des révolutionnaires virulents, des prédicateurs dans le vent se mêlaient à d'éminents sceptiques, une meute d'évêques suivait de pièce en pièce une massive prima donna ; sur l'escalier étaient groupés plusieurs membres de l'Académie royale de peinture déguisés en artistes et le bruit courait qu'à un moment donné la grande salle du souper regorgeait littéralement de génies. En vérité, c'était l'une des soirées les plus réussies de lady Windermere, et la princesse s'y attarda juqu'aux alentours de onze heures et demie.

Dès qu'elle fut partie, lady Windermere regagna la galerie de peinture où un économiste politique en renom expliquait avec solennité la théorie scientifique de la musique à un virtuose hongrois indigné, et elle se mit à converser avec la duchesse de Paisley. Elle était d'une beauté merveilleuse avec sa gorge d'ivoire voluptueuse, ses grands yeux bleus myosotis et ses lourdes boucles aux reflets dorés. D'or pur étaient ses cheveux, non de cette pâle couleur de paille qui, de nos jours, usurpe le noble nom d'or, mais bien d'un or pareil à celui dont sont tissés les rayons du soleil ou qui se cache dans les secrets de l'ambre ; et ils nimbaient son visage d'une sorte d'auréole sacrée, non sans le parer de la séduction d'une pécheresse. Elle présentait un étrange cas psychologique. Tôt dans l'existence, elle avait découvert – vérité capitale – que rien ne ressemble autant à l'innocence que l'indiscrétion et, grâce à une série d'escapades audacieuses dont la moitié étaient bien inoffensives, elle avait acquis tous les privilèges accordés à une personnalité en vue. Elle avait plus d'une fois changé de mari ; de fait, le « Debrett » lui attribuait trois mariages mais, comme elle n'avait pas changé d'amant, le monde avait depuis longtemps cessé d'en faire un objet de scandale. Elle avait maintenant quarante ans et, sans enfant, elle était possédée de cette passion du plaisir qui est le secret d'une éternelle jeunesse.

Soudain, elle parcourut la pièce d'un regard attentif et déclara, de sa voix limpide de contralto :

– Où est mon chiromancien ?

– Votre quoi, Gladys ? s'exclama la duchesse avec un sursaut involontaire.

– Mon chiromancien, duchesse ; je ne peux plus vivre sans lui.

– Chère Gladys ! Vous êtes toujours si originale, murmura la duchesse, s'efforçant de se rappeler ce qu'était au juste un chiromancien et espérant que ce mot n'était pas l'équivalent d'un cartomancien.

– Il vient m'examiner la main deux fois par semaine régulièrement, poursuivit lady Windermere, et il me dit des choses passionnantes.

« Grands dieux, songea la duchesse, c'est bien une sorte de cartomancien, après tout ; quelle abomination ! J'espère que c'est un étranger, au moins. Ce serait déjà moins grave. »

– Il faut absolument que je vous le présente.

– Me le présenter ! s'écria la duchesse. Vous ne voulez pas dire qu'il est ici ?

Et elle se mit à chercher des yeux un petit éventail à monture d'écaille et un châle de dentelle passablement déchiré, comme pour être prête à filer d'un instant à l'autre.

– Bien sûr qu'il est ici ; jamais l'idée ne me viendrait de donner une soirée sans l'inviter. Il me dit que j'ai une main révélatrice et que si mon pouce avait été un tout petit peu plus court, j'aurais été une pessimiste invétérée et je me serais retirée dans un couvent.

– Oh, je vois, dit la duchesse, très soulagée, il vous dit la bonne aventure, j'imagine ?

– La mauvaise aussi, répondit lady Windermere, chaque fois que c'est le cas. L'an prochain, par exemple, je vais courir de grands dangers à la fois sur terre et sur mer. Je vais donc vivre à bord d'un ballon et faire monter mon dîner tous les soirs dans un panier. Tout cela est écrit sur mon petit doigt ou dans la paume de ma main, je ne sais plus très bien.

– Mais voyons, c'est tenter la Providence, Gladys.

– Chère duchesse, de nos jours, la Providence est sûrement capable de résister à la tentation. A mon avis, tout le monde devrait se faire lire les lignes de la main une fois par mois pour savoir quels sont les faux pas à éviter. Bien sûr, l'on n'en tient pas compte, mais c'est si plaisant d'être prévenu. Maintenant, si personne ne me ramène M. Podgers immédiatement, il va falloir que j'aille le chercher moi-même.

– Permettez-moi de m'en charger, lady Windermere, dit un grand jeune homme séduisant qui se tenait à côté d'elle et avait écouté la conversation avec un sourire amusé.

– Merci beaucoup, lord Arthur, mais je crains que vous ne puissiez le reconnaître.

– S'il est aussi merveilleux que vous le dites, lady Windermere, je ne peux pas le manquer.

Décrivez-le moi et je vous le ramène sur-le-champ.

– Eh bien, il n'a pas du tout la tête d'un chiromancien. Je veux dire qu'il n'est ni mystérieux ni ésotérique d'aspect, qu'il n'a rien de romantique. C'est un petit bonhomme trapu, avec un drôle de crâne chauve et de grandes lunettes cerclées d'or, à mi-chemin entre un médecin de famille et un notaire de province. Je suis vraiment désolée, mais ce n'est pas ma faute. Les gens sont si agaçants. Tous mes pianistes ressemblent exactement à des poètes et tous mes poètes ressemblent exactement à des pianistes et je me souviens d'avoir invité la saison dernière un abominable conspirateur, un homme qui avait fait sauter je ne sais combien de personnes et qui portait toujours une cotte de mailles et un poignard caché dans sa manche de chemise ; figurez-vous que lorsqu'il est arrivé, il avait tout d'un charmant vieux clergyman et qu'il a passé sa soirée à débiter des plaisanteries. Bien sûr, il était très amusant et tout ce qu'on veut, mais j'étais affreusement déçue. Quand je lui ai parlé de sa cotte de mailles, il s'est contenté de rire et de me dire qu'il faisait bien trop froid en Angleterre pour en porter une. Ah ! Voici M. Podgers. Écoutez, M. Podgers, je voudrais bien que vous lisiez les lignes de la main à la duchesse de Paisley. Duchesse, il faut que vous ôtiez votre gant. Non pas le gauche, l'autre.

– Chère Gladys, je crains que ce ne soit pas très convenable, dit la duchesse en déboutonnant à contrecœur un gant de chevreau d'une fraîcheur plutôt douteuse.

– Rien d'intéressant ne l'est jamais, dit lady Windermere. *On a fait le monde ainsi*[1]. Mais que je vous présente : duchesse, voici M. Podgers, mon chiromancien préféré. M. Podgers, la duchesse de Paisley, et si jamais vous déclarez qu'elle a un mont de la Lune plus marqué que le mien, je ne vous croirai plus jamais.

– Je suis certaine, Gladys, qu'il n'y a rien de tel dans ma main, dit la duchesse avec gravité.

– Votre Grâce a tout à fait raison, dit M. Podgers en jetant un coup d'œil à la petite main boudinée, aux doigts courts et carrés. Le mont de la Lune n'est pas du tout développé. La ligne de vie, en revanche, est excellente. Veuillez plier le poignet. Merci... Trois lignes distinctes sur la rascette[2]. Vous vivrez jusqu'à un âge avancé, duchesse, et vous serez extrêmement heureuse. Ambition... très modérée, ligne de tête... modeste, ligne de cœur...

– Ah oui, soyez donc indiscret, M. Podgers, s'écria lady Windermere.

– Rien ne me plairait davantage, dit M. Podgers en s'inclinant, si jamais la duchesse avait commis des... imprudences, mais je dois dire à mon regret que je vois une grande constance dans l'affection combinée avec un profond sens du devoir.

– Continuez, M. Podgers, je vous en prie, dit la duchesse, l'air ravi.

– L'économie n'est pas la moindre des qualités de Votre Grâce, poursuivit M. Podgers, et lady Windermere se mit à pouffer de rire.

1. Les mots en italique sont en français dans le texte.
2. Jointure entre paume et poignet (N.D.T.).

– L'économie est une fort bonne chose, remarqua la duchesse d'un ton satisfait. Quand j'ai épousé Paisley, il avait onze châteaux et pas une maison habitable.

– Et maintenant, il a onze maisons et plus un seul château, s'écria lady Windermere.

– Ma foi, ma chère, dit la duchesse, j'apprécie...

– Le confort, coupa M. Podgers, et les installations modernes avec l'eau chaude dans toutes les chambres. Votre Grâce a tout à fait raison. Le confort est le seul avantage que peut nous apporter notre civilisation.

– Vous avez admirablement décrit le caractère de la duchesse, M. Podgers. Et maintenant, il faut que vous nous révéliez celui de lady Flora.

En réponse à un signe de tête de l'hôtesse souriante, une grande jeune fille aux cheveux cuivrés d'Écossaise et aux omoplates saillantes, contourna gauchement le canapé et tendit une longue main osseuse aux doigts spatulés.

– Ah, une pianiste, je vois, dit M. Podgers, une excellente pianiste mais... guère musicienne, peut-être. Très réservée, très honnête et douée d'un grand amour des bêtes.

– Très juste ! s'exclama la duchesse en se tournant vers lady Windermere, tout à fait juste. Flora a deux douzaines de colleys à Vacloskie et elle transformerait notre maison en ménagerie si son père la laissait faire.

– Eh bien, c'est exactement ce que je fais de ma maison tous les mercredis soir, s'écria lady

Windermere en riant. Seulement, je préfère les lions aux colleys.

– Votre unique erreur, lady Windermere, dit M. Podgers avec une révérence cérémonieuse.

– Si une femme n'est pas capable de charmer par ses erreurs mêmes, elle n'est qu'une pauvre créature, répondit-elle. Mais il faut que vous étudiiez encore quelques mains pour nous. Tenez, sir Thomas, montrez donc la vôtre à M. Podgers.

Un vieux monsieur à la mine affable, en gilet blanc, s'approcha et tendit une main épaisse et rugueuse avec un medius particulièrement long.

– Nature aventureuse ; quatre longs voyages dans le passé, un autre à venir. Naufragé à trois reprises. Non, deux seulement, mais en danger de l'être encore une fois à la prochaine traversée. Conservateur convaincu, très ponctuel, collectionneur passionné de curiosités. Atteint d'une grave maladie entre seize et dix-huit ans. A hérité d'une fortune vers l'âge de trente ans. Aversion prononcée pour les chats et les représentants de la gauche.

– Extraordinaire ! s'exclama sir Thomas. Il faut absolument que vous regardiez la main de ma femme aussi.

– Votre deuxième femme, dit M. Podgers posément, sans lâcher la main de sir Thomas, votre deuxième femme. J'en serai ravi.

Mais lady Marvel, une femelle à la mine mélancolique, avec des cheveux bruns et des cils romantiques, déclina formellement toute tentative pour dévoiler son passé et son avenir. Et, en dépit de tous ses efforts, lady Windermere ne put inciter M. de Sokoloff, l'ambassadeur de Russie, à ôter ses gants. En vérité, nombreux étaient les gens qui craignaient d'affronter ce drôle de petit homme au sourire stéréotypé avec ses lunettes d'or et ses petits yeux luisants. Lorsqu'il déclara sans détours, devant tout le monde, à la pauvre lady Fermor qu'elle n'avait aucun goût pour la musique mais qu'elle avait, en revanche, un faible pour les musiciens, l'idée se fit jour dans l'assemblée que la chiromancie était une science périlleuse et qu'il était bon de s'en abstenir sauf en *tête-à-tête.*

Lord Arthur Savile, cependant, qui ignorait tout de la fâcheuse histoire de lady Fermor et qui avait observé M. Podgers avec le plus vif intérêt, était dévoré de l'envie de se faire lire, lui aussi, les lignes de la main. N'osant pas prendre les devants, il traversa la pièce pour se rapprocher de lady Windermere et, en rougissant de façon charmante, il lui demanda si, à son avis, M. Podgers ne verrait pas d'objection...

– Mais il n'en verra aucune, voyons, dit lady Windermere. Il est ici pour ça. Tous mes lions, lord Arthur, sont des lions dressés et ils sautent à travers les cerceaux chaque fois que je le leur demande. Mais je dois tout d'abord vous prévenir que je répéterai tout à Sybil. Elle vient déjeuner demain avec moi pour parler chiffons, et si M. Podgers découvre que vous avez mauvais caractère, que vous êtes guetté par la goutte ou que vous avez une épouse vivant à Bayswate, je ne lui en cacherai certainement rien.

Lord Arthur sourit et secoua la tête :

– Je n'ai pas peur, répondit-il. Sybil me connaît aussi bien que je la connais.

– Ah, je regrette un peu de vous l'entendre dire. Le mariage se fonde essentiellement sur une mutuelle incompréhension. Non, je ne suis pas du tout cynique. J'ai simplement acquis de l'expérience ce qui, toutefois, revient au même. M. Podgers, lord Arthur Savile meurt d'envie que vous lui lisiez les lignes de la main. Ne lui dites pas qu'il est fiancé à l'une des jeunes filles les plus belles de Londres puisque le *Morning Post* l'a annoncé il y a un mois.

– Chère lady Windermere ! s'écria la marquise de Jedburgh. Priez donc M. Podgers de rester ici un peu plus longtemps. Il vient de me dire que je devrais faire du théâtre et cette idée me passionne.

– S'il vous a dit cela, lady Jedburgh, je vous l'enlève tout de suite. Venez donc ici, M. Podgers, et lisez les lignes de la main à lord Arthur.

– Enfin, dit lady Jedburgh avec une moue fugitive en se levant du canapé, si je ne suis pas autorisée à faire du théâtre, que j'aie au moins le droit d'être spectatrice.

– Bien sûr, nous allons tous être spectateurs, dit lady Windermere. Maintenant, M. Podgers, faites-nous surtout des révélations agréables : lord Arthur est l'un de mes amis préférés.

Mais, en voyant la main de lord Arthur, M. Podgers devint étrangement pâle et resta muet. Il sembla parcouru d'un frisson et ses épais sourcils broussailleux s'animèrent de frémissements convulsifs et irritants, comme lorsqu'il était en proie à l'étonnement. Quelques grosses gouttes de sueur perlèrent à son front jaunâtre, comme une sorte de rosée délétère et une moiteur froide lui poissa les doigts.

Lord Arthur ne manqua pas de remarquer ces étranges signes d'agitation et, pour la première fois de sa vie, il fut pris de peur. Envahi d'une envie soudaine de se précipiter hors de la pièce, il parvint à se ressaisir. Mieux valait connaître le pire, quel qu'il fût, plutôt que de rester en proie à une affreuse incertitude.

– J'attends, M. Podgers, dit-il.

– Nous attendons tous, s'écria lady Windermere avec vivacité mêlée d'impatience.

Mais le chiromancien ne répondit pas.

– Je crois qu'Arthur va faire du théâtre, dit lady Jedburgh, et qu'après votre semonce, M. Podgers a peur de le lui dire.

Soudain, M. Podgers lâcha la main droite de lord Arthur, puis lui saisit la gauche et se pencha si bas pour l'examiner que les montures d'or de ses lunettes parurent en effleurer la paume. Un instant, son visage se figea en un masque blême d'horreur, mais il retrouva vite son *sang-froid* et, levant les yeux vers lady Windermere, il déclara avec un sourire forcé :

– C'est la main d'un jeune homme charmant.

– Bien entendu ! dit lady Windermere, mais sera-t-il un mari charmant ? Voilà ce que je veux savoir.

– Tous les jeunes gens charmants le sont, répondit M. Podgers.

– Je ne crois pas qu'un mari devrait être trop séduisant, murmura lady Jedburgh, songeuse, c'est si dangereux.

– Ma chère enfant, ils ne sont jamais trop séduisants, s'écria lady Windermere. Mais ce sont des détails que je veux. Seuls les détails sont intéressants. Que va-t-il arriver à lord Arthur ?

– Eh bien, au cours des prochains mois, lord Arthur va effectuer un voyage...

– Ah, bien sûr, son voyage de noces !

– Et perdre un parent.

– Pas sa sœur, j'espère ? dit lady Jeburgh d'un ton apitoyé.

– Certainement pas sa sœur, répondit M. Podgers avec un geste dédaigneux de la main. Un parent éloigné seulement.

– Eh bien, je suis terriblement déçue, dit lady Windermere. Je n'aurai rien à annoncer à Sybil demain. Personne ne se soucie plus des parents éloignés de nos jours. Ils sont passés de mode depuis des années. Cependant, je suppose qu'elle ferait mieux de tenir prête une robe de soie noire ; c'est toujours indiqué pour l'église, n'est-ce pas ? Et maintenant, allons souper. Ils n'ont rien dû laisser, j'imagine, mais nous trouverons bien un peu de consommé chaud. François faisait des potages excellents autrefois, mais la politique l'accapare tellement maintenant que je ne peux plus compter sur lui. Si seulement le général Boulanger voulait se tenir un peu tranquille. Duchesse, je suis sûre que vous êtes fatiguée.

– Pas du tout, chère Gladys, répondit la duchesse en allant vers la porte d'une démarche dandinante, je me suis beaucoup amusée et votre manu... je veux dire, votre chiromancien est passionnant. Flora, où peut bien être mon éventail d'écaille ? Oh, merci sir Thomas, merci beaucoup. Et mon châle de dentelle ? Flora ? Oh merci, sir Thomas, vous êtes trop aimable, vraiment.

Et la digne créature parvint enfin à descendre l'escalier sans laisser tomber son flacon de parfum plus de deux fois.

Pendant tout ce temps, lord Arthur Savile était resté debout près de la cheminée, en proie au même sentiment d'effroi, à la même impression d'être sous la menace d'un désastre imminent. Il adressa un sourire triste à sa sœur qui passait à sa hauteur au bras de lord Plymdale, ravissante avec sa robe de brocart rose et ses perles, et il entendit à peine lady Windermere qui l'invitait à la suivre. Il pensait à Sybil Merton et l'idée qu'un nuage quelconque pût survenir entre eux lui fit monter les larmes aux yeux.

A le regarder, on aurait dit que Nemesis avait volé le bouclier de Pallas et lui avait montré la tête de la Gorgone. Il était comme transformé en pierre et son visage affligé semblait fait de marbre. Il avait mené l'existence luxueuse et raffinée d'un jeune homme fortuné de haute naissance, une existence délicieuse, affranchie de tout souci sordide, dans une merveilleuse insouciance juvénile ; et maintenant, pour la première fois, il prenait conscience du terrible mystère de la Destinée, de la signification terrible de la Fatalité.

Comme tout cela semblait insensé, monstrueux ! Était-il possible que soient inscrits dans sa main –, en caractères illisibles pour lui mais qu'un autre pouvait déchiffrer –, quelque forfait terrible et secret, les signes d'un crime sanglant ? N'existait-il aucun moyen d'y échapper ? Ne valions-nous pas mieux que les pions d'un jeu d'échecs, mus par une puissance invisible, des vases façonnés au gré du potier et voués à recueillir l'honneur ou la honte ? Sa raison se révoltait contre cette perspective et, pourtant, il ne se sentait pas moins sous la menace d'une tragédie, condamné soudain à supporter un fardeau intolérable. Les acteurs ont tellement de chance. Ils peuvent choisir de jouer la tragédie ou la comédie, choisir de souffrir ou de s'amuser, de rire ou de verser des larmes. Mais la vie réelle est bien différente. La plupart des hommes et des femmes sont contraints de jouer des rôles pour lesquels ils ne sont nullement qualifiés. Nos Guildenstern jouent pour nous Hamlet, et nos Hamlet doivent badiner comme le prince Hal. Le monde est une scène de théâtre mais la distribution est mal faite.

Soudain, M. Podgers entra dans la pièce. Quand il vit lord Arthur, il eut un haut-le-corps et son visage aux traits mous et vulgaires devint d'une couleur jaune verdâtre. Les regards des deux hommes se croisèrent et il y eut un silence.

– La duchesse a oublié un de ses gants ici,

lord Arthur, et m'a demandé de le lui rapporter, dit enfin M. Podgers. Ah, je le vois là, sur le canapé. Bonsoir !

– M. Podgers, je dois insister pour que vous donniez une réponse sans détours à la question que je vais vous poser.

– Une autre fois, lord Arthur, la duchesse est pressée. Je crains d'être obligé de vous quitter.

– Pas question. La duchesse a tout son temps.

– Il ne faut pas faire attendre les dames, lord Arthur, dit M. Podgers avec un faible sourire. Le beau sexe peut manifester de l'impatience.

Une expression de dédain agacé étira les lèvres finement dessinées de lord Arthur. La pauvre duchesse lui semblait d'une importance négligeable en cet instant précis. Il traversa la pièce pour rejoindre M. Podgers et lui tendit sa main ouverte.

– Dites-moi ce que vous voyez là, fit-il, dites-moi la vérité. Je veux la connaître. Je ne suis pas un enfant.

Podgers cligna des yeux derrière ses lunettes d'or et il oscilla gauchement d'un pied sur l'autre, tandis que ses doigts tripotaient avec nervosité une chaîne de montre trop grosse.

– Qu'est-ce qui vous fait croire que j'ai vu quelque chose de particulier dans votre main, lord Arthur, plus que je ne vous ai révélé ?

– Je le sais et j'insiste pour que vous me le disiez. Je vous paierai. Je vous donnerai un chèque de cent livres.

Une lueur traversa les yeux verts de M. Podgers puis s'éteignit.

– Des guinées ? demanda M. Podgers à mi-voix.

– Certainement. Je vous enverrai le chèque dès demain. Quel est votre club ?

– Je n'ai pas de club. Du moins, pas pour l'instant. Mon adresse est... Mais permettez-moi de vous donner ma carte.

Sortant un bristol doré sur tranche de la poche de son gilet et, en s'inclinant profondément, M. Podgers le tendit à lord Arthur qui lut :

M. Septimus R. Podgers
Chiromancien professionnel
103 a West Moon Street

– Je reçois de dix heures à seize heures, murmura M. Podgers machinalement, et je consens un tarif de faveur aux familles.

– Vite ! cria lord Arthur, très pâle, la main tendue.

M. Podgers jeta un coup d'œil circulaire avec nervosité et tira la lourde tenture devant la porte.

– Cela prendra quelque temps, lord Arthur, vous feriez mieux de vous asseoir.

– Vite ! répéta lord Arthur en frappant du pied avec irritation sur le parquet luisant.

M. Podgers sourit, tira de sa poche intérieure une petite loupe et l'essuya soigneusement avec son mouchoir.

– Je suis prêt, déclara-t-il.

2

Dix minutes plus tard, blême, les yeux égarés d'affliction, lord Arthur Savile se ruait hors de Bentinck House et se frayait impétueusement un passage parmi la foule des valets en peaux de bique rassemblés sous le vaste auvent de toile rayée, ne semblant rien entendre ni voir.

La nuit était glaciale et la lumière des réverbères à gaz sur la place vacillait sous les rafales de vent, mais lord Arthur avait les mains brûlantes de fièvre et le front en feu. Il allait droit devant lui presque avec la démarche d'un homme ivre. Un policeman le regarda au passage avec curiosité et un mendiant qui émergeait d'une arcade pour demander l'aumône prit peur en découvrant une misère qui dépassait la sienne. Puis il s'arrêta sous un lampadaire et regarda ses mains. Il crut les voir déjà souillées de sang et un faible cri s'échappa de ses lèvres tremblantes.

Un crime ! Voilà ce qu'y avait vu le chiromancien. Un crime ! La nuit même semblait le savoir et le vent lugubre le lui hurler à l'oreille.

Les recoins sombres des rues étaient remplis de cet oracle de mort. Il le contemplait en ricanant du haut du toit des maisons.

Tout d'abord, il parvint au parc dont le bois obscur parut le fasciner. Il s'appuya avec lassitude à la grille, se rafraîchissant le front aux barreaux de métal humide, écoutant le silence frémissant des arbres. « Un crime ! Un crime » ne cessait-il de répéter, comme si cette répétition même pouvait atténuer l'horreur du mot. Le son de sa propre voix le faisait frissonner et, pourtant, il espérait presque qu'un écho pût l'entendre et tirer de ses rêves la ville endormie. Un désir fou le tenaillait d'arrêter le premier passant venu et de tout lui raconter.

Puis il traversa Oxford Street et s'engagea dans des ruelles étroites et louches. Deux femmes au visage fardé se moquèrent de lui. Du fond d'une cour obscure lui parvinrent des jurons et des bruits de coups, suivis de cris aigus ; recroquevillé sur un perron humide, il distingua les contours difformes de la pauvreté et de la décrépitude. Une pitié étrange s'empara de lui. Ces enfants de la misère et du péché avaient-ils été prédestinés à leur fin comme lui à la sienne ? Étaient-ils, à son image, les simples pantins d'une farce monstrueuse ?

Pourtant, ce n'était pas le mystère mais la comédie de la souffrance qui le frappait ; son inutilité absolue, son absurde manque de signification. Comme tout semblait incohérent ! Quelle totale absence d'harmonie ! La contradiction entre l'optimisme superficiel de l'époque et les réalités de l'existence le stupéfiait. Il était encore très jeune.

Au bout d'un moment, il se retrouva devant l'église de Marylebone. La chaussée silencieuse évoquait un long ruban d'acier poli, moucheté çà et là par les sombres arabesques des ombres mouvantes. Au loin s'incurvait l'alignement des réverbères aux lueurs vacillantes, devant une petite maison cernée d'un mur, stationnait un fiacre solitaire dont le cocher dormait à l'intérieur. Il hâta le pas vers Portland Place, se retournant de temps à autre comme s'il craignait d'être suivi. Au coin de Rich Street se tenaient deux hommes en train de lire une affiche sur une palissade. Une étrange curiosité s'empara de lui et il traversa dans leur direction. Comme il se rapprochait, le mot « crime » apparut devant ses yeux en lettres noires. Il tressaillit et sentit ses joues s'empourprer. C'était un avis offrant une récompense pour tout renseigne-

ment susceptible de permettre l'arrestation d'un homme de taille moyenne, entre trente et quarante ans, portant un chapeau melon, un manteau noir et un pantalon à carreaux avec une cicatrice sur la joue droite. Il lut et relut le texte, se demanda si le misérable se ferait prendre et d'où lui venait sa balafre. Peut-être un jour son propre nom serait-il placardé sur les murs de Londres. Un jour peut-être sa tête serait-elle mise à prix.

Cette pensée le rendit malade d'horreur. Il pivota sur les talons et s'éloigna rapidement dans la nuit.

A peine s'il savait où il allait. Il gardait le vague souvenir d'avoir erré dans un labyrinthe de maisons lépreuses et le jour se levait lorsqu'il atteignit Piccadilly Circus. Comme il prenait le chemin de sa maison, Belgrave Square, il rencontra les grands chariots qui se dirigeaient vers Covent Garden. Les voituriers en blouse blanche, au teint hâlé, au visage ouvert, les cheveux bouclés en bataille, menaient leur véhicule avec autorité en faisant claquer leur fouet et en s'interpellant de temps à autre. Sur le dos d'un grand cheval gris, était assis le meneur d'un attelage, un gamin joufflu avec un bouquet de primevères à son chapeau informe, ses deux petites mains crispées sur la crinière riant, aux éclats, et les énormes piles de légumes faisaient l'effet d'amas de jade dans le ciel matinal, des amas de jade vert se détachant sur les pétales incarnat de quelques roses merveilleuses. Lord Arthur se sentit étrangement troublé sans savoir pourquoi.

Quelque chose dans la beauté délicate de l'aube lui semblait d'un pathétique indicible et il songea à toutes ces journées qui commencent dans l'harmonie et s'achèvent dans la tempête. Ces ruraux, eux aussi, avec leur rude voix joviale et leurs façons nonchalantes, quel Londres étrange s'offrait à leurs yeux ? Un Londres affranchi des péchés de la nuit et des fumées de la journée, une cité pâle et fantomatique, une ville désolée peuplée de tombes. Il se demanda ce qu'ils en pensaient et s'ils avaient la moindre idée de sa splendeur et de sa honte, de ses plaisirs sauvages aux couleurs fauves, de sa faim horrible et de tout ce qu'elle engendre et détruit entre le matin et le soir. Sans doute la ville n'était-elle pour eux qu'un marché où ils apportaient leurs fruits à vendre et où ils ne s'attardaient que quelques heures au plus, pour quitter les rues encore plongées dans le silence, les maisons dans le sommeil. Il avait plaisir à les regarder passer. Si rustiques fussent-ils avec leurs lourds souliers cloutés et leur démarche gauche, ils apportaient avec eux une parcelle d'Arcadie. Il sentait que ces hommes avaient vécu au milieu de la nature et qu'elle leur avait enseigné la paix. Et il les enviait pour tout ce qu'ils ignoraient.

Lorsqu'il arriva à Belgrave Square, le ciel se colorait de bleu pâle et les oiseaux commençaient à jaser dans les jardins.

3

Quand lord Arthur s'éveilla, il était midi et le soleil de la mi-journée traversait les rideaux de soie ivoire de sa chambre. Il se leva et alla regarder par la fenêtre. Un léger voile de chaleur flottait sur la grande ville et les toits des maisons luisaient comme de l'argent bruni. Parmi la verdure chatoyante de la place, au-dessous, quelques enfants semblaient voltiger comme des papillons blancs et le long du trottoir dallé une multitude de passants se dirigeaient vers le parc. Jamais la vie ne lui avait paru plus souriante, jamais le domaine du mal ne lui avait paru plus éloigné.

Puis son valet de chambre lui apporta une tasse de chocolat sur un plateau. Après avoir bu, il ouvrit une portière de velours couleur pêche et entra dans la salle de bains. La lumière baignait doucement la pièce, filtrée par de minces plaques d'onyx au plafond, et l'eau, dans la baignoire de marbre, brillait comme une pierre de lune. Vivement il s'y glissa jusqu'à ce que les frais remous atteignent sa gorge et ses cheveux, puis il enfonça entièrement la tête sous la surface comme pour se laver de la tache laissée par quelque souvenir honteux. Quand il ressortit, il se sentait presque apaisé. L'exquise sensation physique du moment le submergeait ainsi qu'il arrive souvent dans le cas de caractères subtilement forgés car les sens, comme le feu, peuvent purifier aussi bien que détruire.

Après le petit déjeuner, il se jeta sur un divan et alluma une cigarette. Sur le manteau de la cheminée, dans un cadre ancien finement ciselé, se trouvait une grande photographie de Sybil Merton, telle qu'il l'avait vue pour la première fois au bal de lady Noël. La tête petite et gracieusement modelée était légèrement inclinée de côté comme si le cou mince, pareil à un roseau, pouvait à peine supporter le poids d'une si grande beauté ; les lèvres étaient légèrement écartées, faites, semblait-il, pour une douce musique ; et toute la tendre pureté de la jeunesse se révélait dans le regard émerveillé des yeux rêveurs. Avec sa robe ajustée de *crêpe de Chine* souple et son grand éventail en forme de feuille, elle évoquait l'une de ces délicates petites figurines que l'on trouve dans les oliveraies près de Tanagra ; de sa pose et de son attitude émanait une touche de grâce hellénique. Toutefois, elle n'était pas de petite taille mais simplement proportionnée à la perfection – chose rare à une époque où tant de femmes sont soit trop grandes, soit insignifiantes.

Tout en la regardant, lord Arthur se sentit envahi de cette pitié terrible qu'engendre l'amour. Il avait le sentiment que, avec la menace du meurtre qui planait sur lui, l'épouser serait une trahison égale à celle de Judas, un forfait pire que tous ceux dont avaient pu rêver les Borgia. Quel bonheur pouvaient-ils espérer alors qu'à tout moment il risquait d'être contraint d'accomplir l'affreuse prophétie inscrite dans sa main. Quel serait leur style de vie alors qu'une terrible fatalité ne cesserait de peser dans la balance ? Le mariage devait être différé à tout prix. Il y était fermement résolu. Si ardent que fût son amour pour la jeune fille – lorsqu'ils étaient assis côte à côte, au simple contact de ses doigts il sentait tous ses nerfs parcourus par un frisson de joie – il n'en savait pas moins clairement où était son devoir et il se rendait parfaitement compte qu'il n'avait pas le droit de l'épouser jusqu'à ce qu'il ait tué. Le crime commis, il pourrait se tenir devant l'autel avec Sybil Merton et remettre sa vie entre ses mains sans craindre de faire le mal. Le crime commis, il pourrait la tenir dans ses bras, sachant qu'elle n'aurait jamais à rougir de lui, qu'elle n'aurait jamais à baisser la tête de honte. Mais il fallait le commettre d'abord ; et le plus tôt serait le mieux pour tous les deux.

Bien des hommes dans sa position auraient préféré le sentier fleuri de la frivolité aux parois escarpées du devoir, mais lord Arthur était trop consciencieux pour mettre le plaisir au-dessus de ses principes. Il y avait plus que de la simple passion dans son amour et Sybil était pour lui le symbole de tout ce qui était vertueux et noble. Il fut un instant pris d'une répugnance naturelle pour le geste auquel il était contraint mais ce sentiment s'estompa bientôt. Son cœur lui disait qu'il ne s'agissait pas d'un péché mais d'un sacrifice ; sa raison lui rappelait qu'il n'y avait pas d'autre issue. Il devait choisir entre vivre pour lui-même et vivre pour les autres, et si affreuse que puisse être la tâche qui lui était échue, il savait qu'il ne devait pas laisser l'égoïsme l'emporter sur l'amour. Tôt ou tard, nous sommes tous amenés à trancher le même problème, à nous tous est posée la même question. Pour lord Arthur, elle survenait à l'aube de sa vie, avant que sa nature ait été pervertie par le cynisme calculateur de l'âge mûr, ou que son cœur ait été corrodé par le vain égotisme à la mode de notre temps, et il n'avait aucune hésitation à accomplir son devoir. En outre, par bonheur pour lui, il n'était ni un simple rêveur ni un nonchalant dilettante. L'eût-il été, il aurait tergiversé comme Hamlet et laissé l'irrésolution entacher son propos. Mais c'était un homme essentiellement pratique. Pour lui, dans l'existence, l'action primait la réflexion. Il possédait cette qualité si rare : le bon sens.

Les sentiments confus et tumultueux de la nuit précédente s'étaient totalement dissipés, et c'est presque avec une sorte de honte qu'il évoqua ses errances de rue en rue, son implacable calvaire moral. La sincérité même de ses souffrances les lui faisait maintenant paraître irréelles. Il se demanda comment il avait pu être assez stupide pour se révolter, extravaguer devant l'inévitable. Une seule question semblait le troubler : qui allait-il éliminer ? Car il se rendait bien compte que le meurtre, comme les religions du monde païen, requiert une victime aussi bien qu'un prêtre. N'étant pas un génie, il n'avait pas d'ennemis et supposait donc qu'il ne s'agissait pas de régler une querelle ou une aversion personnelle ; la mission qui lui était assignée était grave et solennelle. Il établit donc une liste de ses amis et de ses parents sur une feuille de papier et, après mûr examen, se décida en faveur de lady Clementina Beauchamp, une charmante vieille dame qui habitait Curzon Street et qui était sa cousine issue de germain du côté de sa mère. Il avait toujours eu un faible pour lady Clem, ainsi que tout le monde l'appelait, et comme il était lui-même fort riche ayant hérité de toute la fortune de lord Rugby à sa majorité, il était inconcevable qu'il tirât quelque vulgaire avantage financier de cette mort. En vérité, plus il étudiait le problème, plus lady Clem lui semblait correspondre au choix adéquat et, persuadé que tout délai serait une injustice à l'égard de Sybil, il résolut de prendre sur-le-champ ses dispositions.

La première chose à faire, bien entendu, était de régler le chiromancien ; il s'assit donc devant un petit bureau Sheraton près de la fenêtre, établit un chèque de cent cinq livres payable à l'ordre de M. Septimus Podgers et, l'ayant mis dans une enveloppe, il dit à son valet d'aller le porter West Moon Street. Ensuite il téléphona aux écuries pour qu'on lui envoie son cabriolet et il s'habilla pour sortir. A l'instant de quitter la pièce, il se retourna pour regarder la photographie de Sybil Merton et jura que, quoi qu'il advienne, jamais il ne lui révélerait ce qu'il avait fait pour elle et qu'il garderait pour toujours, enseveli en lui, le secret de son sacrifice.

Sur le chemin de Buckingham, il s'arrêta chez un fleuriste et fit envoyer à Sybil une grande corbeille de narcisses aux ravissants pétales blancs et, dès son arrivée au club, il alla droit à la bibliothèque, sonna et se fit apporter par un serveur un citron-soda et un livre sur la toxicologie. Il avait résolu que le poison était le meilleur moyen de mener à bien cette pénible opération. Tout ce qui pouvait ressembler à de la violence physique lui répugnait à l'extrême et, d'ailleurs, il était très soucieux de ne pas assassiner lady Clementina d'une manière susceptible d'attirer l'attention publique car il détestait la perspective d'être mis sur un piédestal chez lady Windermere ou de voir son nom figurer dans les échos de vulgaires gazettes mondaines. Il devait également songer au père et à la mère de Sybil, personnes plutôt vieux jeu qui pourraient faire objection au mariage s'il se produisait quoi que ce soit ressemblant à un scandale, encore qu'il eût la certitude que, s'il leur exposait tous les détails de l'affaire, ils seraient sans doute les premiers à apprécier les motifs qui l'avaient fait agir. Il avait donc toutes les raisons d'opter pour le poison. C'était une solution sûre, efficace, discrète qui éliminait tout risque de scène pénible, éventualité contre laquelle, comme tous les Anglais, il nourrissait un préjugé bien ancré.

De la science des poisons, toutefois, il ne savait absolument rien et, comme le valet ne paraissait capable de trouver dans la bibliothèque que le *Ruff* et le *Bailey's Magazine*, il alla examiner lui-même les rayons. Il finit par dénicher une édition élégamment reliée de la *Pharmacopée* et un exemplaire de la *Toxicologie* d'Erskine, présentée par sir Matthew Reid, président de la Société royale de médecine et l'un des plus anciens membres du Buckingham, élu par erreur à la place d'un autre – *contretemps* qui mit le comité dans une telle rage que, lorsque le véritable candidat se présenta, il fut blackboulé à l'unanimité. Lord arthur fut passablement dérouté par les termes techniques utilisés dans les deux ouvrages et il commençait à regretter de n'avoir pas suivi un peu plus attentivement ses cours à Oxford quand, dans le second volume d'Erskine, il découvrit une relation complète et très intéressante sur les propriétés de l'aconitine, écrite dans une langue assez claire. Il lui sembla que c'était exactement le poison qu'il lui fallait. Un poison rapide en vérité, presque immédiat dans ses effets, parfaitement indolore et, absorbé sous la forme d'une capsule gélatineuse – mode conseillé par sir Matthew – nullement désagréable au goût. En conséquence, il nota sur sa manchette la dose nécessaire pour une issue fatale, remit les livres en place et remonta sans hâte Saint James Street pour se rendre chez Pestle et Humbey, les fameux pharmaciens. M. Pestle, qui avait toujours servi en personne les représentants de l'aristocratie, se montra très surpris par la

commande qu'il recevait et, avec une grande déférence, il murmura une allusion à la nécessité de présenter une ordonnance médicale. Cependant, dès que lord Arthur lui eût expliqué que le poison était destiné à un gros mastiff norvégien dont il était obligé de se séparer car il présentait des signes d'incubation de rage et qu'il avait déjà mordu deux fois le cocher au mollet, il se déclara satisfait, complimenta lord Arthur sur ses remarquables connaissances en toxicologie et fit exécuter aussitôt la prescription.

Lord Arthur mit la capsule dans une jolie petite bonbonnière d'argent qu'il avait vue dans une vitrine de Bond Street, jeta l'affreuse boîte à pilules de chez Pestle et Humbey et se fit conduire immédiatement chez lady Clementina.

– Eh bien, *monsieur le mauvais sujet*, s'écria la vieille dame comme il entrait dans la pièce, pourquoi n'êtes-vous pas venu me voir depuis si longtemps ?

– Chère lady Clem, je n'ai jamais une minute à moi, répondit Arthur en souriant.

– Vous voulez dire, je suppose, que vous passez vos journées avec miss Sybil Merton, à acheter des chiffons et à débiter des fadaises ? Je ne comprends vraiment pas pourquoi les gens font autant de simagrées autour du mariage. De mon temps, personne n'aurait jamais rêvé de se cajoler et de roucouler en public, ni même en privé d'ailleurs.

– Je vous assure que je n'ai pas vu Sybil depuis vingt-quatre heures, lady Clem. Pour autant que je sache, elle est la proie de ses modistes.

– Bien entendu et c'est l'unique raison pour laquelle vous venez voir un vieux laideron comme moi. Je m'étonne que les hommes ne soient pas plus attentifs. *On a fait des folies pour moi* et me voilà, pauvre créature rhumatisante, avec un faux toupet et un caractère grincheux. Ah, s'il n'y avait pas cette chère lady Jansen qui m'envoie tous les pires romans français qu'elle peut dénicher, je crois que je n'arriverais pas au bout de mes journées. Les docteurs ne me servent à rien sinon à m'extorquer leurs honoraires. Ils ne sont même pas capables de soigner mes aigreurs d'estomac.

– Je vous ai justement apporté un remède, lady Clem, dit lord Arthur avec gravité. C'est un produit miraculeux, inventé par un Américain.

– Je crains de ne pas aimer les inventions américaines, Arthur. J'en suis même certaine. J'ai lu quelques romans américains ces derniers temps. Ils étaient insensés.

– Oh, mais ce remède n'a rien d'insensé, lady Clem ! Il est tout à fait indiqué, je vous assure ! Promettez-moi d'en faire l'essai.

Et lord Arthur sortit de sa poche la petite bonbonnière et la lui tendit.

– La boîte est charmante, je dois dire, Arthur. Est-ce vraiment un cadeau ? C'est vraiment trop gentil de votre part. Et voilà ce merveilleux médicament ? On dirait un *bonbon.* Je vais le prendre tout de suite.

– Grand Dieu, lady Clem ! s'écria lord Arthur en lui saisissant la main, ne faites surtout pas ça.

C'est un remède homéopathique et si vous le prenez sans ressentir de brûlure d'estomac, il risque de vous faire le plus grand mal. Attendez d'avoir une crise et, alors, prenez-le. Vous serez stupéfaite du résultat.

– J'aimerais bien le prendre maintenant, dit lady Clem en tenant dans la lumière la petite capsule transparente avec sa bulle flottante d'aconitine liquide. Je suis sûre que c'est délicieux. Le fait est que si je déteste les docteurs, j'adore les médicaments. Enfin, j'attendrai la prochaine crise.

– Et quand va-t-elle venir ? demanda lord Arthur d'un ton empressé. Est-ce pour bientôt ?

– Pas avant une semaine, j'espère. Hier matin, j'en ai subi une qui m'a fait affreusement souffrir. Mais on ne sait jamais.

– Alors, vous en aurez sûrement une avant la fin du mois, lady Clem ?

– J'en ai peur. Mais que vous êtes prévenant aujourd'hui, Arthur ! Vraiment, Sybil a la meilleure influence sur vous. Et maintenant, il faut que vous filiez car je dîne avec des gens très ennuyeux, hostiles aux cancans, et je sais que si je ne fais pas un somme maintenant, jamais je ne serai capable de rester éveillée pendant le dîner. Au revoir, Arthur, toute mes amitiés à Sybil et merci beaucoup de ce remède américain.

– Vous n'oublierez pas de le prendre, lady Clem, n'est-ce pas ? dit lord Arthur en se levant de son siège.

– Mais non, grand nigaud. Je trouve que c'est bien aimable à vous de penser ainsi à moi et si je veux d'autres pilules, je vous écrirai.

Lord Arthur quitta la maison de belle humeur, avec un vif sentiment de soulagement.

Ce soir-là, il eut un entretien avec Sybil Merton. Il lui expliqua comment il s'était trouvé soudain placé dans une situation terriblement épineuse et que ni l'honneur ni le devoir ne lui permettaient de se dérober. Il ajouta que leur mariage devait être provisoirement remis à plus tard et que, jusqu'à ce qu'il fût libéré de cette redoutable contrainte, il n'était pas un homme libre. Il l'implora de lui garder sa confiance et de n'avoir aucun doute sur l'avenir. Tout finirait par s'arranger mais il fallait se montrer patient.

La scène s'était déroulée dans le jardin d'hiver de M. Merton, Park Lane, où lord Arthur avait dîné comme d'habitude. Sybil n'avait jamais paru plus heureuse et, pendant un moment, lord Arthur fut tenté de céder à la lâcheté, d'écrire à lady Clementina au sujet de la pilule et de laisser le mariage s'accomplir comme si M. Podgers n'avait jamais existé. Sa noble nature, cependant, reprit le dessus et même lorsque Sybil se jeta en larmes dans ses bras, il ne fléchit pas. La beauté qui exaltait ses sens avait également touché sa conscience. Briser une vie aussi belle au nom de quelques mois de plaisir serait, il en avait conscience, une faute impardonnable.

Il resta avec Sybil jusqu'à près de minuit, la consolant et se faisant consoler tour à tour, et il partit tôt le lendemain matin pour Venise, après avoir écrit à M. Merton une lettre au ton ferme et viril lui exposant la nécessité de remettre le mariage à plus tard.

4

A Venise, il retrouva son frère, lord Surbiton, qui venait d'arriver de Corfou à bord de son yacht. Les deux jeunes gens passèrent ensemble une quinzaine délicieuse. Le matin ils faisaient du cheval au Lido ou glissaient le long des canaux émeraude dans leur longue gondole noire. L'après-midi, ils recevaient en général des amis sur le yacht et le soir ils dînaient chez Florian et fumaient d'innombrables cigarettes sur la Piazza. Cependant, lord Arthur n'était pas heureux. Chaque jour, il examinait la rubrique nécrologique du *Times* dans l'espoir d'y voir annoncer la mort de lady Clementina, mais chaque jour il était déçu. Il commença à craindre qu'un accident ne lui soit arrivé et regretta plusieurs fois de l'avoir empêchée de prendre l'aconitine quand elle était impatiente d'en découvrir les effets. Et puis, les lettres de Sybil, bien que pleines d'amour, de confiance et de tendresse avaient souvent un ton très mélancolique et, parfois, il se demandait s'il n'était pas séparé d'elle à jamais.

Au bout de quinze jours, lord Surbiton en eut assez de Venise et il décida de longer la côte jusqu'à Ravenne, ayant appris que la chasse à la bécasse n'avait pas son pareil dans la Pineta. Tout d'abord, lord Arthur refusa formellement de l'accompagner mais Surbiton, qu'il aimait beaucoup, finit par le convaincre que s'il restait seul au Danieli il s'ennuierait à mourir et, le matin du 15, ils se mirent en route par une forte brise de nord-est et une mer plutôt agitée. Le tableau de chasse fut superbe et la vie au grand air dans la liberté ramena les couleurs aux joues de lord Arthur mais, vers le 22, inquiet du sort de lady Clementina et en dépit des remontrances de Surbiton, il reprit le train pour Venise.

Comme il descendait de sa gondole pour gravir le perron de l'hôtel, le propriétaire vint à sa rencontre avec une liasse de télégrammes. Lord Arthur les lui arracha presque des mains et les ouvrit précipitamment. Tout avait réussi : lady Clementina était morte subitement dans la nuit du 17.

Sa première pensée fut pour Sybil et il lui envoya un télégramme lui annonçant son retour immédiat à Londres. Il donna ensuite l'ordre à son valet de faire ses bagages pour le train du soir, envoya à ses gondoliers le quintuple environ de leurs gages habituels et monta quatre à quatre à son appartement, le pas léger et l'exaltation au cœur. Puis il trouva trois lettres qui l'attendaient. L'une de Sybil exprimait sa compassion avec ses condoléances. Les autres étaient de sa mère et de l'avoué de lady Clementina. Il semblait que la vieille dame avait dîné avec la duchesse ce soir-là même, avait ravi tout le monde par ses bons mots et son esprit mais était rentrée chez elle assez tôt, se plaignant de ses aigreurs. Le lendemain matin, on l'avait trouvée morte dans son lit, n'ayant apparemment pas souffert. Sir Matthew Reid avait été appelé aussitôt mais, bien entendu, il n'y avait rien eu à faire et lady Clementina avait été enterrée le 22 à Beauchamp Chalcote. Quelques jours avant sa mort, elle avait fait son testament et elle laissait à lord Arthur sa petite maison de Curzon Street avec tous ses meubles, ses effets personnels et ses tableaux, à l'exception de sa collection de miniatures qui devait aller à sa sœur, lady Margaret Rufford, et de son collier d'améthyste destiné à Sybil Merton. Tous ces biens n'avaient pas une très grande valeur, mais M. Manfield, le notaire, était impatient de voir revenir lord Arthur sur-le-champ, si possible, car il y avait beaucoup de factures à régler et lady Clementina n'avait jamais tenu régulièrement ses comptes.

Lord Arthur fut très touché de l'aimable attention de lady Clementina et il estima qu'il devait beaucoup à M. Podgers. Son amour pour Sybil, néanmoins, dominait toutes ses autres émotions et la conscience d'avoir accompli son devoir lui apportait la paix et la bonne conscience. Quand il arriva à Charing Cross, il se sentait parfaitement heureux.

Les Merton le reçurent avec une grande

amabilité. Sybil lui fit promettre que rien ne viendrait plus jamais les séparer et la date du mariage fut fixée au 7 juin. La vie lui parut une fois de plus magnifique et brillante et il retrouva toute son insouciance passée.

Un jour, toutefois, comme il parcourait la maison de Curzon Street en compagnie de l'avoué de lady Clementina et de Sybil elle-même, brûlant des paquets de lettres fanées, vidant les tiroirs de vieilleries, la jeune fille poussa soudain un cri de joie.

– Qu'avez-vous trouvé, Sybil ? demanda lord Arthur levant les yeux avec un sourire.

– Cette ravissante petite *bonbonnière* d'argent, Arthur. N'est-elle pas originale, hollandaise, n'est-ce pas ? Faites m'en cadeau. Je sais que les améthystes ne m'iront pas avant que j'aie dépassé quatre-vingt ans.

C'était la boîte qui avait contenu l'aconitine.

Lord Arthur réprima un sursaut et une légère rougeur envahit ses joues. Il avait presque oublié ce qu'il avait fait et que Sybil, pour laquelle il avait traversé toutes ces affreuses angoisses, soit la première à les lui rappeler lui sembla une singulière coïncidence.

– Mais bien sûr, gardez-la, Sybil. Je l'avais donnée moi-même à cette pauvre lady Clem.

– Oh, merci, Arthur. Et puis-je aussi prendre le bonbon ? Je ne savais pas que lady Clementina aimait les sucreries. Je la croyais bien trop intellectuelle pour cela.

Une pâleur mortelle se répandit sur le visage de lord Arthur et une idée horrible lui traversa l'esprit.

– Un *bonbon,* Sybil ? Comment cela ? dit-il avec lenteur, d'une voix altérée.

– Il y en a un dedans, c'est tout. Il a l'air vieux et poussiéreux et je n'ai nulle intention de l'avaler. Qu'est-ce qui se passe, Arthur ? Comme vous êtes blanc !

Lord Arthur traversa la pièce d'un bond et s'empara de la boîte. A l'intérieur se trouvait la capsule couleur d'ambre avec sa dose de poison. Lady Clementina était, en somme, morte de sa belle mort !

Le choc de cette découverte fut presque trop violent pour lui. Il jeta la capsule dans le feu et s'effondra sur le canapé avec un cri de désespoir.

5

Mr. Merton fut très affecté par le second ajournement du mariage et lady Julia, qui avait déjà commandé sa robe pour la cérémonie, fit tout ce qui était en son pouvoir pour inciter Sybil à rompre. Mais, si grande que fût la tendresse qu'éprouvait Sybil pour sa mère, elle n'en avait pas moins remis sa vie entière entre les mains de lord Arthur et rien de ce que put lui dire Julia ne put ébranler sa foi. Quant à lord Arthur, il lui fallut de longues journées pour surmonter sa terrible déconvenue et, durant quelque temps, il demeura complètement à bout de nerfs. Son solide bon sens reprit cependant le dessus et son esprit pratique et positif ne le laissa pas longtemps dans le doute sur les dispositions à adopter. Le poison ayant abouti à un échec total, la dynamite ou quelque autre explosif représentait, manifestement, la solution à tenter.

Il passa donc de nouveau en revue la liste de ses amis et parents et, après mûre réflexion, il décida de faire sauter son oncle, le doyen de

Chichester. Le doyen, homme d'une grande culture et d'un vaste savoir, avait une passion pour les pendules et en possédait une merveilleuse collection, allant du quinzième siècle à nos jours, et il sembla à lord Arthur que ce dada du brave doyen offrait une excellente occasion de mener son projet à bien. Où se procurer une machine infernale posait, certes, un tout autre problème. L'annuaire de Londres ne lui apporta aucune précision sur ce point et il jugea inutile de s'informer auprès de Scotland Yard qui semblait ne jamais rien savoir des attentats des dynamiteurs sinon après qu'une explosion se soit produite et, même alors, ils n'étaient guère informés.

Soudain, il pensa à son ami Rouvaloff, un jeune Russe aux opinions ultrarévolutionnaires qu'il avait rencontré au cours de l'hiver chez lady Windermere. Le comte Rouvaloff était censé écrire une biographie de Pierre-le-Grand et être venu en Angleterre dans le but d'étudier les documents relatifs au séjour du tsar dans ce pays, en qualité de charpentier de marine, mais on le soupçonnait généralement d'être un agent nihiliste et, à coup sûr, l'ambassade russe ne voyait pas d'un bon œil sa présence à Londres. Lord Arthur pensa qu'il était l'homme de la situation et il se fit conduire un matin au logis de Rouvaloff à Bloomsbury pour lui demander conseil et assistance.

– Alors, tu prends la politique au sérieux ? dit le compte Rouvaloff lorsque lord Arthur lui eut exposé l'objet de sa mission.

Mais lord Arthur, qui détestait toute forme de forfanterie, se sentit obligé de reconnaître que les questions sociales ne l'intéressaient en rien et qu'il lui fallait une bombe pour des raisons familiales qui ne concernaient que lui seul.

Le comte Rouvaloff le dévisagea un moment avec étonnement puis, voyant qu'il ne plaisantait pas, écrivit une adresse sur un bout de papier, le parapha et le lui tendit par-dessus la table.

– Scotland Yard donnerait cher pour connaître cette adresse, mon cher ami.

– Ils ne l'auront pas, s'écria lord Arthur en riant.

Et, après avoir vigoureusement serré la main du jeune russe, il dévala l'escalier, jeta un coup d'œil au papier et se fit conduire à Soho.

Là, il renvoya le cocher et suivit Greek Street jusqu'à ce qu'il eût atteint un lieu nommé Bayle's Court. Il passa sous l'arcade et se trouva dans un curieux *cul-de-sac,* apparemment occupé par une blanchisserie française où, sur un réseau complet de cordes à linge tendues de maison à maison, flottaient des rangées de linge blanc. Lord Arthur alla jusqu'au fond de l'impasse et frappa à la porte d'une petite maison verte. Au bout d'un certain temps, qui permit à chaque fenêtre de se muer en une masse confuse de visages scrutateurs, la porte fut ouverte par un étranger de mine plutôt rébarbative qui lui demanda en très mauvais anglais ce qu'il désirait. Lord Arthur lui tendit le papier que lui avait donné le comte Rouvaloff. L'ayant lu, l'homme s'inclina et invita lord Arthur à entrer dans un petit salon misérable au rez-de-chaussée et, quelques instants plus tard, Herr Winckelkopf, comme il se faisait appeler en Angleterre, fit irruption dans la pièce avec une serviette constellée de taches de vin autour du cou, une fourchette à la main gauche.

– Le comte Rouvaloff m'a donné un mot de recommandation pour vous, dit lord Arthur en s'inclinant, et je serais très désireux d'avoir un bref entretien avec vous à propos d'un problème précis. Je m'appelle Smith, Robert Smith, et je voudrais que vous me fournissiez une pendule explosive.

– Enchanté de vous voir, lord Arthur, dit l'affable petit Allemand en riant. Ne prenez pas cet air inquiet ! C'est mon devoir de connaître tout le monde et je me souviens de vous avoir vu un soir chez lady Windermere. J'espère que Sa Grâce se porte bien. Voulez-vous vous asseoir près de moi pendant que je finis mon déjeuner ? Voici un *pâté* excellent et mes amis sont assez gentils pour me dire que mon vin du Rhin est meilleur que celui qu'on sert à l'ambassade d'Allemagne.

Et, avant que lord Arthur ne soit revenu de sa surprise d'avoir été reconnu, il se retrouva assis dans l'arrière-salle, dégustant le marcobrünner le plus délicieux qu'il fût dans une chope de verre jaune pâle marquée du monogramme impérial et bavardant le plus amicalement du monde avec le fameux conspirateur.

– Les pendules explosives, dit Herr Winckelkopf, ne sont guère des articles d'exportation, d'autant que, même si elles franchissent le barrage des douanes, les trains ont des horaires si irréguliers qu'elles explosent en général avant d'être arrivées à destination. Si toutefois vous en voulez une pour l'utiliser dans le pays même, je peux vous fournir un modèle excellent et vous garantir que vous serez satisfait du résultat. Puis-je vous demander à qui elle est destinée ? Si c'est pour la police ou toute personne plus ou moins liée à Scotland Yard, je crains de ne rien pouvoir faire pour vous. Les policiers anglais sont réellement nos meilleurs amis et j'ai toujours constaté qu'en comptant sur leur stupidité, nous pouvions faire exactement ce que nous voulions. Je ne pourrais me passer d'aucun d'entre eux.

– Je peux vous assurer, dit lord Arthur, que la police n'a rien à voir dans mon affaire. En réalité, cette pendule est destinée au doyen de Chichester.

– Seigneur ! Je ne me serais pas douté que la religion vous inspirait des sentiments aussi violents, lord Arthur. Rares sont les jeunes gens dans votre cas, de nos jours.

– Je crains que vous ne me surestimiez, Herr Winckelkopf, dit lord Arthur en rougissant. Le fait est que je suis très ignorant en théologie.

– Alors, c'est une affaire purement privée ?

– Purement privée.

Herr Winckelkopf haussa les épaules et quitta la pièce pour revenir quelques minutes plus tard avec une pastille de dynamite à peu près de la taille d'un penny et une gracieuse petite pendule française surmontée d'une effigie de la liberté terrassant l'hydre du despotisme en bronze doré.

Le visage de lord Arthur s'illumina lorsqu'il l'aperçut :

– Voilà exactement ce que je veux ! s'écria-t-il. Et maintenant, expliquez-moi comment elle saute.

– Ah, c'est là mon secret, répondit Herr Winckelkopf en contemplant son invention avec une fierté légitime. Dites-moi quand vous voulez qu'elle explose et je réglerai le mécanisme en conséquence.

– Eh bien, nous sommes aujourd'hui mardi. Si vous pouviez l'expédier immédiatement...

– Impossible. J'ai énormément de travail en cours pour certains de mes amis à Moscou. Enfin, je pourrais peut-être l'envoyer demain.

– Oh, ce sera tout à fait suffisant, dit lord Arthur poliment. Si elle est livrée demain soir ou jeudi matin. Quant à l'instant de l'explosion, disons vendredi à midi précis. Le doyen est toujours chez lui à cette heure-là.

– Vendredi à midi, répéta Herr Winckelkopf, et il consigna une note à cet effet dans un registre posé sur un bureau près de la cheminée.

– Et maintenant, dit lord Arthur en se levant, dites-moi, je vous prie, ce que je vous dois.

– C'est une telle broutille, lord Arthur, que j'ai scrupule à vous demander quoi que ce soit. La dynamite revient à sept shillings six pence, la pendule vaut trois livres dix, et le transport environ cinq shillings. Je suis trop heureux de pouvoir rendre service à un ami du comte Rouvaloff.

– Mais votre peine, Herr Winckelkopf ?

– Oh, n'en parlons pas ! C'est un plaisir pour moi. Je ne travaille pas pour de l'argent. Je vis entièrement pour mon art.

Lord Arthur posa quatre livres vingt-six shillings sur la table, remercia le petit Allemand de sa serviabilité et, après avoir réussi à décliner une invitation à une rencontre avec quelques anarchistes lors d'un thé-dîner le samedi suivant, il quitta la maison et repartit vers le parc.

Durant les deux jours suivants, il vécut dans un état de surexcitation constante et le vendredi à midi, il se fit conduire au Buckingham pour attendre les nouvelles. Tout l'après-midi, le flegmatique concierge ne cessa d'afficher des télégrammes venant de diverses parties du pays, annonçant les résultats des courses, les verdicts de procès en divorce, l'évolution du temps et ainsi de suite, tandis que sur le ruban du récepteur télégraphique s'inscrivaient de fastidieux détails concernant une séance de nuit à la Chambre des communes et un début de panique à la Bourse. A quatre heures, parurent les journaux du soir, et lord Arthur disparut dans la bibliothèque avec le *Pall Mall,* le *St. James,* le *Globe* et l'*Echo,* à l'immense indignation du colonel Goodchild qui voulait lire les comptes rendus d'un discours qu'il avait prononcé le matin même à Mansion House [1] à propos des

1. Résidence du lord-maire.

missions d'Afrique du Sud et de l'opportunité de nommer des évêques noirs dans toutes les provinces et qui, pour quelque raison inconnue, nourrissait de solides préjugés contre l'*Evening News.* Aucun des journaux ne contenait cependant la moindre allusion à Chichester, et lord Arthur eut le sentiment que sa tentative avait dû échouer. Ce fut pour lui un coup terrible, pendant un moment, il en resta accablé. Herr Winckelkopf, qu'il alla trouver le jour suivant, se confondit en excuses alambiquées et proposa de lui fournir gratuitement une autre pendule ou une caisse de bombes à la nitroglycérine au prix coûtant. Mais il avait perdu toute confiance dans les explosifs, et Herr Winckelkopf lui-même reconnut qu'aujourd'hui tout était si frelaté qu'il était impossible de se procurer de la dynamite à l'état pur. Le petit Allemand, tout en admettant que le mécanisme devait être défectueux, conservait l'espoir que la pendule était encore capable d'exploser et il cita le cas d'un baromètre qu'il avait un jour envoyé au gouverneur militaire d'Odessa et qui, quoique réglé pour exploser au bout de dix jours, ne s'était décidé que trois mois plus tard, ou presque. Il était exact qu'en explosant il n'avait réussi à volatiliser qu'une femme de chambre, le gouverneur ayant quitté la ville six semaines plus tôt ; du moins, était-il ainsi prouvé que, sous le contrôle d'un mécanisme, la dynamite, en tant que force destructrice, était une substance puissante bien qu'elle manquât quelque peu de ponctualité. Lord Arthur fut un peu consolé par cette réflexion mais, là encore, il était voué à la déception car, deux jours plus tard, comme il montait l'escalier, la duchesse l'appela dans son boudoir et lui montra une lettre qu'elle venait de recevoir du doyenné.

– Jane écrit des lettres charmantes, dit la duchesse, il faut vraiment que vous lisiez la dernière. Elle est bien aussi distrayante que les romans que nous envoie Mudie.

Lord Arthur prit la lettre qu'elle lui tendait et dont les termes étaient les suivants :

Le doyenné,
Chichester, 27 mai

Ma très chère tante,

Merci beaucoup pour la flanelle destinée à la Société Dorcas et aussi pour le gingan. Je suis tout à fait de votre avis. Leurs envies d'élégance sont absurdes mais tout le monde est si frondeur et si irreligieux de nos jours qu'il est difficile de leur faire comprendre qu'ils ne devraient pas essayer de s'habiller comme les gens de la haute société. Je n'ai vraiment aucune idée de ce qui nous attend. Comme papa l'a souvent dit dans ses sermons, nous vivons dans une ère d'incroyance.

Nous nous sommes beaucoup amusés avec une pendule qu'un admirateur inconnu a envoyée à papa jeudi dernier. Elle est arrivée de Londres dans une caisse en bois, port payé ; et papa a l'impression qu'elle a dû lui être adressée par quelqu'un qui avait lu son remarquable sermon : « La licence est-elle la liberté ? » car le dessus de cette pendule s'ornait d'une statuette de femme avec, sur la tête, ce que papa a appelé le bonnet de la liberté. A mon avis, cette coiffure n'est guère jolie, mais papa a dit qu'elle était historique et je suppose qu'il en est ainsi. Parker l'a déballée et papa l'a mise sur le dessus de la cheminée, dans la bibliothèque. Nous étions tous assis dans la pièce, le vendredi matin, quand la pendule s'est mise à sonner les douze coups de midi ; nous avons entendu une espèce de bourdonnement, un petit nuage de fumée est sorti du piédestal de la statuette et la déesse de la liberté est tombée et s'est cassé le nez sur le garde-feu ! Maria a eu très peur mais c'était si ridicule que James et moi avons éclaté de rire et même papa s'en est amusé. Quand nous avons examiné la pendule, nous avons découvert que c'était une sorte de réveil et que, si on le réglait sur une heure donnée, que l'on mettait un peu de poudre et une amorce sous un petit marteau, il partait comme on voulait. Papa a dit qu'il ne fallait pas la laisser dans la bibliothèque parce qu'elle faisait du bruit, alors Reggie l'a transportée dans la salle de classe, et toute la journée il n'arrête pas de déclencher des petites explosions. Croyez-vous qu'Arthur en aimerait une comme cadeau de mariage ? Je suppose que ça doit être très à la mode à Londres. Papa dit qu'elles sont bien utiles car elles montrent que la liberté ne peut pas durer et qu'elle doit mordre la poussière. Papa dit aussi que la liberté a été inventée à l'époque de la Révolution française.

Maintenant, je dois aller chez les Dorcas où je leur dirai votre lettre si instructive. Comme vous avez raison, chère tante, de penser qu'étant donné leur situation sociale ils devraient être toujours mal habillés. Je dois dire que c'est ridicule, leur souci d'élégance, alors qu'il y a tellement de choses plus importantes en ce bas monde et dans l'autre. Je suis ravie que votre robe de popeline à fleurs vous aille si bien et que votre dentelle ne se soit pas déchirée. Pour aller chez l'évêque, mercredi, je vais porter la robe de satin jaune que vous m'avez donnée si gentiment et je crois qu'elle fera son effet. Y ajouteriez-vous des nœuds de ruban ou pas ? Jennings dit que tout le monde en porte maintenant ; et faudrait-il que le jupon soit plissé ? Reggie vient de faire sauter la pendule encore une fois et papa a donné l'ordre qu'on la porte aux écuries. Je crois qu'il ne l'aime plus autant qu'au début quoi qu'il soit très flatté d'avoir reçu un jouet aussi joli et ingénieux. Cela prouve que les gens lisent ses sermons et en tirent profit. Papa vous envoie ses meilleurs souvenirs auxquels s'associent James, Reggie et Maria, et en espérant que la goutte de l'oncle Cecil va mieux, croyez bien, ma chère tante, que je reste votre nièce très affectionnée.

Jane Percy

P.-S. Répondez-moi pour les nœuds de ruban. Jennings assure qu'ils sont tout à fait à la mode.

Lord Arthur avait une mine si grave et si malheureuse en finissant la lettre que la duchesse fut prise d'un fou rire.

– Mon cher Arthur, s'écria-t-elle, je ne vous montrerai plus jamais la lettre d'une jeune personne. Mais que dois-je dire à propos de la pendule ? Je crois que c'est une invention capitale et j'aimerais beaucoup en avoir une moi-même.

– Je n'en pense guère de bien, dit lord Arthur avec un sourire mélancolique et, après avoir embrassé sa mère, il quitta la pièce.

Monté chez lui, il se jeta sur un canapé et ses yeux s'emplirent de larmes. Il avait fait de son mieux pour commettre ce meurtre mais, à deux reprises, il avait échoué et pas par sa faute. Il s'était efforcé de faire son devoir mais il semblait que la destinée elle-même le trahissait. Le sentiment de l'inanité de ses bonnes intentions, de la futilité de ses efforts vers la vertu l'accablait. Peut-être valait-il mieux rompre définitivement le mariage. Sybil souffrirait, certes, mais la souffrance ne pouvait vraiment altérer une nature aussi noble que la sienne. Quant à lui, peu importait après tout. Il y a toujours une guerre au cours de laquelle un homme peut mourir, une cause pour laquelle un homme peut donner sa vie. Et comme la vie n'avait plus aucun charme pour lui, de même la mort ne lui inspirait plus aucune terreur. Que la Destinée s'accomplisse. Il ne ferait rien pour l'aider.

A sept heures et demie, il s'habilla et se rendit au club. Surbiton était là avec un groupe de jeunes gens et il fut obligé de dîner avec eux.

Leur conversation triviale, leurs plaisanteries faciles ne l'intéressaient pas et, dès le café servi, il les quitta en inventant quelque engagement préalable pour pouvoir les planter là. Comme il sortait du club, le concierge lui tendit une lettre. Elle était de Herr Winckelkopf qui lui demandait de revenir le voir le lendemain soir pour examiner un parapluie explosif qui éclatait dès qu'on l'ouvrait. C'était la toute dernière invention qui venait d'arriver de Genève. Il déchira la lettre en petits morceaux. Il était décidé à ne plus tenter la moindre expérience. Après quoi, il descendit jusqu'à l'Embankment [1] et resta assis durant des heures à contempler le fleuve. La lune semblait cligner à travers une crinière de nuages fauves, tel un œil de lion, d'innombrables étoiles criblaient la voûte creuse comme de la poudre d'or répandue sur un dôme lie-de-vin. De loin en loin, une péniche défilait dans les eaux bourbeuses et s'éloignait avec la marée, les signaux du chemin de fer passaient du vert au rouge tandis que les trains traversaient le pont dans un staccato strident. Au bout de quelque temps, minuit sonna à la grande tour de Westminster, à chaque coup de la cloche sonore, la nuit donnait l'impression de trembler. Puis les lumières de la voie ferrée s'éteignirent, à l'exception d'une lampe solitaire qui luisait comme un rubis géant au sommet d'un grand mât, et les grondements venus de la ville s'atténuèrent.

A deux heures, il se leva et, à pas lents, se dirigea vers Blackfriars. Tout lui semblait irréel !

1. Quai-promenade le long de la Tamise.

comme issu d'un rêve étrange. De l'autre côté du fleuve, les maisons semblaient nées de l'obscurité. L'on aurait pu croire que l'argent et les ombres avaient refaçonné le monde. L'immense dôme de St. Paul flottait telle une bulle dans l'air nocturne.

En marchant vers l'obélisque de Cléopâtre, il vit un homme penché sur le parapet ; comme il se rapprochait, l'homme releva la tête et la lumière du lampadaire éclaira ses traits.

C'était M. Podgers, le chiromancien ! Nul n'aurait pu se méprendre sur son visage gras et mou, ses lunettes cerclées d'or, son faible sourire maladif, sa bouche sensuelle...

Lord Arthur s'immobilisa. Une brillante idée lui surgit à l'esprit. Sans bruit, il vint se placer derrière M. Podgers. L'instant d'après, il l'empoignait aux jambes et le faisait basculer dans la Tamise. Il y eut un juron étouffé, un grand plouf et tout rentra dans le silence. Lord Arthur se pencha avec anxiété par-dessus le parapet mais n'aperçut aucune trace du chiromancien sinon son haut-de-forme qui tournoyait dans un remous éclairé par la lune. Au bout d'un moment le chapeau coula lui aussi et tout signe de la présence de M. Podgers disparut. Peu après, il crut distinguer une silhouette informe et trapue qui luttait pour atteindre l'escalier près du pont et un affreux sentiment de faillite l'envahit, mais il ne s'agissait, en fait, que d'un reflet qui s'évanouit sous les rayons de la lune surgie entre deux nuages.

Enfin, il paraissait avoir satisfait au décret du

Destin. Il laissa échapper un profond soupir de soulagement et le nom de Sybil lui vint aux lèvres.

– Avez-vous laissé tomber quelque chose, monsieur ? demanda soudain une voix derrière lui.

Il se retourna et vit un agent de police qui tenait une lanterne sourde.

– Rien d'important, sergent, répondit-il avec un sourire.

Il héla un fiacre qui passait, sauta dedans et se fit conduire à Belgrave Square.

Durant les quelques journées suivantes, il balança entre l'espérance et la crainte. A certains moments, il s'attendait presque à voir M. Podgers entrer dans la pièce et, d'autres fois, il se disait que le Destin ne pouvait être aussi injuste avec lui. A deux reprises, il se rendit à l'adresse du chiromancien dans West Moon Street, mais il ne put se résoudre à tirer la sonnette. Il aspirait à la certitude et la redoutait à la fois.

Elle vint enfin. Assis dans le fumoir du club, il était en train de prendre son thé en écoutant avec un certain ennui les commentaires de Surbiton sur la dernière chanson comique du *Gaiety* quand un garçon entra avec les journaux du soir. Il choisit le *St. James* et il en tournait distraitement les pages quand ce titre étrange frappa son regard :

SUICIDE D'UN CHIROMANCIEN

Sous le coup de l'émotion, il pâlit et se mit à lire. Le texte était le suivant :

Hier matin, à 7 heures, le corps de M. Septimus R. Podgers, l'éminent chiromancien, a été trouvé échoué sur la berge de la Tamise, à Greenwich, juste en face du Ship Hôtel. Depuis plusieurs jours, on était sans nouvelles du malheureux et dans les milieux de la chiromancie régnait une vive inquiétude sur son sort. L'on suppose qu'il a mis fin à ses jours sous l'influence d'un dérangement mental passager dû au surmenage et un verdict a été rendu en ce sens, cet après-midi, par le jury du coroner. M. Podgers venait d'achever un traité exhaustif sur le thème de « La Main Humaine », qui sera prochainement publié et recevra sans nul doute un accueil des plus favorables. Le défunt était âgé de soixante-cinq ans et ne semble pas avoir laissé de famille.

Lord Arthur se précipita hors du club, tenant toujours le journal à la main, à l'immense stupeur du concierge qui tenta, en vain, de l'arrêter, et se fit conduire immédiatement Park Lane. Sybil l'aperçut par la fenêtre et quelque chose lui dit qu'il était porteur de bonnes nouvelles. Elle courut à sa rencontre et, en voyant son visage, elle comprit que tout allait bien.

– Ma chère Sybil, s'écria lord Arthur, marions-nous dès demain !

– Quel fou vous faites ! Mais, voyons, le gâteau n'est même pas commandé ! dit Sybil en riant à travers ses larmes.

6

Lors du mariage, trois semaines plus tard, une foule de gens du plus grand monde se pressait devant l'église Saint-Pierre. Le service fut célébré avec beaucoup de solennité par le doyen de Chichester et chacun reconnut que jamais on n'avait vu un plus beau couple que celui des jeunes époux. Non seulement beaux, ils étaient en outre heureux. Jamais un instant lord Arthur ne regretta toutes les affres qu'il avait traversées pour l'amour de Sybil tandis que, de son côté, elle lui apportait le meilleur de ce qu'une femme peut donner à un homme : adoration, tendresse et amour. Pour eux, la flamme ne fut pas éteinte par la réalité et ils restèrent toujours jeunes.

Quelques années plus tard, quand deux beaux enfants leur furent nés, lady Windermere vint leur rendre visite à Alton Priory, une ravissante demeure ancienne, cadeau de mariage du duc à son fils ; un après-midi, alors qu'elle était assise sous un tilleul avec lady Arthur, regardant le petit garçon et la petite fille qui jouaient dans la roseraie comme des rayons de soleil capricieux, elle prit soudain la main de son hôtesse dans les siennes et lui demanda :

– Êtes-vous heureuse, Sybil ?

– Chère lady Windermere, bien sûr je suis heureuse. Et vous, ne l'êtes-vous pas ?

– Je n'ai pas le temps d'être heureuse, Sybil. La dernière personne que l'on m'a présentée me plaît toujours mais, en règle générale, dès que je connais les gens, je m'en lasse.

– Vos lions ne vous donnent pas satisfaction, lady Windermere ?

– Oh, mon Dieu, non ! Les lions ne sont bons que pour une saison. Dès que leur crinière est coupée, ils deviennent les plus ennuyeuses des créatures. D'ailleurs, ils se conduisent fort mal quand on fait preuve à leur égard d'une réelle gentillesse. Vous souvenez-vous de cet abominable M. Podgers ? C'était un horrible imposteur. Naturellement, ça m'était égal, et même quand il voulait m'emprunter de l'argent, je lui pardonnais, mais je ne pouvais pas supporter qu'il me fasse la cour. Il m'avait vraiment donné la haine de la chiromancie. Maintenant, je suis passionnée de télépathie. C'est beaucoup plus amusant.

– Il ne faut rien dire ici contre la chiromancie, lady Windermere. C'est le seul sujet sur lequel Arthur déteste qu'on plaisante. Je vous assure qu'il est très sérieux là-dessus.

– Vous ne voulez tout de même pas dire qu'il y croit, Sybil ?

– Demandez-le-lui, lady Windermere, le voici.

Lord Arthur arriva du jardin, tenant un gros bouquet de roses jaunes à la main, avec ses deux enfants qui gambadaient autour de lui.

– Lord Arthur ?

– Oui, lady Windermere.

– Vous n'allez pas me dire que vous croyez à la chiromancie ?

– Si bien sûr, j'y crois, répondit le jeune homme avec le sourire.

– Mais pourquoi ?

– Parce que je lui dois tout le bonheur de ma vie, murmura-t-il en se laissant tomber dans un fauteuil d'osier.

– Mon cher lord Arthur, que lui devez-vous ?

– Sybil ! répondit-il en tendant les roses à sa femme, le regard plongé dans ses yeux violets.

– Quelle sotisse ! s'écria lady Windermere, jamais je n'ai entendu pareille absurdité de ma vie !

Si vous avez le goût de l'aventure
Ouvrez la caverne aux merveilles
et découvrez
des classiques de tous les temps
et de tous les pays

---

dans la collection FOLIO **JUNIOR**

Les « classiques »... de vieux bouquins poussiéreux, dont le nom seul évoque des dictées hérissées de pièges grammaticaux perfides et des rédactions rébarbatives ? Pas du tout ! Avec les classiques, tout est possible : les animaux parlent, une grotte mystérieuse s'ouvre sur un mot magique, un homme vend son ombre au diable, un chat ne laisse dans l'obscurité des feuillages que la lumière ironique de son sourire ; on s'y préoccupe de trouver un remède contre la prolifération des baobabs et la mélancolie des roses ; les sous-préfets y font l'école buissonnière, les chevaliers ne sont pas toujours sans peur et sans reproche ; on s'y promène autour du monde et vingt mille lieues sous les mers...

LA PETITE SIRÈNE
ET AUTRES CONTES

Hans Christian **Andersen**
n° 686

LE ROMAN DE RENART I

Anonyme
n° 461

LE ROMAN DE RENART II

Anonyme
n° 629

ALI BABA
ET LES QUARANTE VOLEURS

Anonyme
n° 595

HISTOIRE DE
SINDBAD LE MARIN

Anonyme
n° 516

LA MERVEILLEUSE HISTOIRE
DE PETER SCHLEMIL

Adalbert **von Chamisso**
n° 630

ALICE AU PAYS DES MERVEILLES

LEWIS **CAROLL**
n° 437

LANCELOT,
LE CHEVALIER À LA CHARRETTE

Chrétien de Troyes
n° 546

YVAIN,
LE CHEVALIER AU LION

Chrétien de Troyes
n° 665

PERCEVAL OU
LE ROMAN DU GRAAL

Chrétien de Troyes
n° 668

LETTRES DE MON MOULIN

Alphonse **DAUDET**
n° 450

AVENTURES PRODIGIEUSES DE
TARTARIN DE TARASCON

Alphonse **DAUDET**
n° 454

ROBINSON CRUSOÉ

Daniel **Defoe**
n° 626

TROIS CONTES

Gustave **Flaubert**
n° 750

SALAMMBÔ

Gustave **Flaubert**
n° 757

LE ROMAN
DE LA MOMIE

Théophile **Gautier**
n° 465

LE HARDI PETIT TAILLEUR

Grimm
n° 715

LE VIEIL HOMME
ET LA MER

Ernest **Hemingway**
n° 435

Coppélius
et autres contes

Ernst Theodor Amadeus **Hoffmann**
n° 734

La guerre de Troie
(extraits de l'Iliade)

Homère
n° 729

Voyages et aventures
d'Ulysse
(extraits de l'Odyssée)

Homère
n° 728

Histoires
comme ça

Rudyard **Kipling**
n° 432

Le loup
et l'agneau

Jean de **La Fontaine**
n° 654

TRISTAN ET ISEUT

André **Mary**
n° 724

DEUX AMIS
ET AUTRES CONTES

Guy de **Maupassant**
n° 514

COLOMBA

Prosper **Mérimée**
n° 655

CARMEN

Prosper **Mérimée**
n° 684

CONTES
DE MA MÈRE L'OYE

Charles **Perrault**
n° 443

DOUBLE ASSASSINAT DANS LA RUE MORGUE
suivi de LA LETTRE VOLÉE

Edgar Allan **Poe**
n° 541

POIL DE CAROTTE

Jules **Renard**
n° 466

CYRANO DE BERGERAC

Edmond **Rostand**
n° 515

LE PETIT PRINCE

Antoine de **Saint-Exupéry**
n° 100

PAUL ET VIRGINIE

Bernardin de **Saint-Pierre**
n° 760

LES MALHEURS DE SOPHIE

Comtesse de **Ségur**
n° 496

UN BON PETIT DIABLE

Comtesse de **Ségur**
n° 656

FRANKENSTEIN

Mary **Shelley**
n° 675

L'ÎLE AU TRÉSOR

Robert Louis **Stevenson**
n° 441

PREMIER VOYAGE DE GULLIVER

Jonathan **SWIFT**
n° 568

DEUXIÈME VOYAGE
DE GULLIVER

Jonathan **SWIFT**
n° 667

LE TOUR DU MONDE
EN QUATRE-VINGTS JOURS

Jules **VERNE**
n° 521

VOYAGE
AU CENTRE DE LA TERRE

Jules **VERNE**
n° 605

DE LA TERRE À LA LUNE

Jules **VERNE**
n° 651

AUTOUR DE LA LUNE

Jules **VERNE**
n° 666

VINGT MILLE LIEUES
SOUS LES MERS I

Jules **VERNE**
n° 738

VINGT MILLE LIEUES
SOUS LES MERS II

Jules **VERNE**
n° 739

Dépôt légal : decembre 2000
1er dépôt légal dans la même collection : septembre 1994
N° d'édition :99288 - N° d'impression : 53671
Imprimé en France sur les presses de la Société Nouvelle Firmin-Didot